高校辅导员工作理论与专业化发展研究

刘楠楠 著

北方联合出版传媒（集团）股份有限公司

万卷出版有限责任公司

图书在版编目（CIP）数据

高校辅导员工作理论与专业化发展研究 / 刘楠楠著
. - 沈阳：万卷出版有限责任公司，2024.4
ISBN 978 - 7 - 5470 - 6497 - 9

Ⅰ. ①高… Ⅱ. ①刘… Ⅲ. ①高等学校-辅导员-工
作-研究 Ⅳ. ①G645.1

中国国家版本馆 CIP 数据核字（2024）第 076817 号

出版发行：北方联合出版传媒（集团）股份有限公司
　　　　　万卷出版有限责任公司
　　　　　（地址：沈阳市和平区十一纬路 29 号　邮编：110003）
印 刷 者：辽宁鼎籍数码科技有限公司
经 销 者：全国新华书店
幅面尺寸：170mm×240mm
字　　数：194 千字
印　　张：11.25
出版时间：2025 年 1 月第 1 版
印刷时间：2025 年 1 月第 1 次印刷
责任编辑：朱婷婷
责任校对：张　莹
装帧设计：马静静
ISBN 978 - 7 - 5470 - 6497 - 9
定　　价：48.00 元
联系电话：024 - 23284090
邮购热线：024 - 23284448

前言

辅导员是开展大学生思想政治教育的骨干力量，是高校学生日常思想政治教育和管理工作的组织者、实施者、指导者，是大学生成长成才的人生导师和健康生活的知心朋友。辅导员处在高校人才培养的关键环节，肩负着培养德智体美劳全面发展的社会主义建设者和接班人的任务，责任重大，使命光荣。

辅导员工作是我国高等教育工作的一部分，这项工作有着特殊重要的意义。高校辅导员工作研究的目的和意义在于帮助广大辅导员或未来的辅导员认识自己的工作性质和任务，使他们正确地认识大学生，了解大学生群体的特点，为他们的育人工作提供理论指导，为他们的自我成长、发展和个性完善提供经验。

面对时代发展的新要求，面对当代大学生成长、成才的新特点，辅导员的工作将不断遇到许多新的问题，同时也带来了很多的机会、机遇和挑战。而随着社会需求的变化和教育改革步伐的加快，如今高校学生的培养已经开始进入专业化转型的过程，从社会人才培养的角度来分析，高校辅导员的队伍建设也开始进入了专业化发展阶段，辅导员专业化发展是高校教育管理的改革诉求和需求。

高校辅导员专业化是思想政治教育当代发展中的重大课题，它关系着提高大学生思想政治教育和思想政治教育队伍建设的实效；高校辅导员专业化是当今新时代下的高等教育发展的共同趋势，也是我国高校学生思想政治教育工作队伍发展的必然路径；高校辅导员专业化是当前高校学生思想政治教育工作队伍建设的重要内容，也是高校教育理论改革研究和实践探索领域的热点之一。

本书属于高校辅导员工作理论与专业化发展方面的著作，本书基于辅导员工作的现实，从高校辅导员的工作定位、工作内容和工作艺术等方面进行分析，研究高校辅导员工作的基本原则，论述高校辅导员工作与思政课教学工作、班主任工作、就业工作与心理咨询工作的协同发展，在总结高校辅导员工作理论的基础上，深入探讨了高校辅导员专业化发展、高校辅导员专业化发展的组织保障、高校辅导员专业化发展的考评激励机制、高校辅导员专业化发展的职业生涯管理等相关内容。全书内容系统，结构新颖，坚持专业性与可读性结合，旨在推动新时期辅导员的专业化发展。本书适合高校辅导员和大学生阅读和学习，具有一定的出版价值。

　　本书参考了大量的相关文献资料，借鉴、引用了诸多专家、学者和教师的研究成果，其主要来源已在参考文献中列出，如有个别遗漏，恳请作者谅解并及时和我们联系。本书写作得到很多专家学者的支持和帮助，在此深表谢意。由于能力有限，时间仓促，虽极力丰富本书内容，力求著作的完美无瑕，仍难免有不妥与遗漏之处，恳请专家和读者指正。

目录

第一章 高校辅导员工作概述

第一节　高校辅导员工作定位

高校辅导员肩负着管理大学生日常学习、促进大学生全面发展的重任，对大学生进行正确引导已成为他们的工作重点。而要引导大学生走上成功的人生道路，确定好新时代辅导员的工作定位是关键。下面，对新时代高校辅导员的工作定位进行探讨。

一、辅导员角色

（一）思想导师

辅导员工作是高校学生的教育管理工作，就要求辅导员本身必须深入学习、领会党和国家的方针政策，并将其作为自己日常工作的指导原则。同时，辅导员需及时地根据学生工作的不同要求制订合理、有效及针对性强的各项工作计划，并将有关国家方针政策及时宣传给广大学生，在具体组织实施过程中不断发现问题、分析问题和处理问题。而且，辅导员应将各种学生信息及时反馈给高校各学生管理相关部门，为学校进一步深化改革、做好学生工作提供可靠依据。在教育过程中，辅导员应引导学生正确认识、评价问题，树立正确思想观念和价值标准，并以灵活多样的形式，特别是理论学习和社会实践相结合的形式，使学生能够打下坚实的理论基础。只有让学生掌握科学的理论，才能帮助大学生在思想上、信念上坚定远大共产主义理想，树立正确的世界观和人生观。

（二）学习导师

学习是学生的天职。由于专职任课教师重点在于具体课程的指导，因此，辅导员有责任从宏观角度、从学生的长期发展角度、从学习方法与知识结构等角度对学生进行指导。辅导员应该让学生认识到学历教育时间的有限性和社会变化的迅速性。知识迅速更新，只有养成终身教育、终身学习的良好习惯，才能适应社会的不断发展。大学学习以自学为主，掌握良好学习方法与树立明确的学习目标十分关键。因此，辅导员应该引导学生进行三个过渡：其一是大学一年级时，指导学生从中学升至大学的过渡；其二是指导学生从理论性很强的基础课程学习阶段，向应用性、实践性很强的专业课程学习阶段过渡；其三是从高校学习到终身学习的过渡。

培养学生学真知，学做真人，指导学生掌握科学的学习方法，为他们今后走向社会和胜任工作打好坚实的基础。

（三）生活导师

辅导员工作的首要任务是让学生学会与人相处，学会做人做事与自我发展。步入知识经济时代，每一个爱生敬业的辅导员必须面对与思索的问题是如何教书育人，如何运用真心指导和教育学生，以高尚的情操影响学生，成为大学生健康成长道路上的引路人。因此，辅导员应该将工作的重点着眼于指导学生生活。首先，应指导学生树立集体主义观念，在群体中学会和谐生活，能够灵活地处理人际关系，具备很强的心理承受能力与应对能力；其次，应指导学生树立公民意识，并加强学生的文明生活方式教育，培养自立自强和健康清洁而且有规律的生活习惯。高校辅导员工作的主要职责还包括大学生个体规范化管理，它不仅涉及了大学生的日常作息的制度管理、教室和寝室的卫生、上课的考勤等，还涵盖了学生档案材料管理，评优评先和"奖、贷、勤、补、免"等管理以及对大学生的文明行为的要求与安全保卫等。尽管这些工作相对烦琐与零散，但是正所谓"细微之处见实效"，高校辅导员应依照国家和学校的有关规定，严肃、认真、耐心、细致地做到学生管理的制度化与规范化，并持之以恒。

（四）职业导师

当前的就业形势不容乐观，辅导员应该引导学生树立正确的就业观念，在面对学生时，高校辅导员是职业导师的角色，为学生分析今后的就业方向，并解决学生在职业规划中的各种问题。大学生要成为具有思想政治理性的人群，应该为踏入社会和适应社会做好充分的思想准备。辅导员的职责就是指导大学生的社会实践。社会实践活动主要包括：社团活动、第二课堂、社会调查与实习等。高校辅导员需要引导大学生开展社会实践活动，服务于高校的人才培养目标，更要体现时代性、群众性和广泛性，另外还要兼顾多样性、趣味性和生动性。

二、辅导员的岗位职责

（一）《普通高等学校辅导员队伍建设规定》中对辅导员工作职责的规定

1. 帮助高校学生树立正确的世界观、人生观、价值观，确立在中国共产党领导下走中国特色社会主义道路、实现中华民族伟大复兴的共同理想和坚定信念。积极引导学生不断追求更高的目标，使他们中的先进分子树立共产主义的远大理想，确立马克思主义的坚定信念。

2. 帮助高校学生养成良好的道德品质，经常性地开展谈心活动，引导学生养成良好的心理品质和自尊、自爱、自律、自强的优良品格，增强学生克服困难、经受考验、承受挫折的能力，有针对性地帮助学生处理好学习成才、择业交友、健康生活等方面的具体问题，提高思想认识和精神境界。

3. 了解和掌握高校学生思想政治状况，针对学生关心的热点、焦点问题，及时进行教育和引导，化解矛盾冲突，参与处理有关突发事件，维护好校园安全和稳定。

4. 落实好对经济困难学生资助的有关工作，组织好高校学生勤工助学，积极帮助经济困难学生完成学业。

5. 积极开展就业指导和服务工作，为学生提供高效优质的就业指导和信息服务，帮助学生树立正确的就业观念。

6. 组织、协调班主任、思想政治理论课教师等工作骨干共同做好经常性的思想政治工作，在学生中间开展形式多样的教育活动。

7. 指导学生党支部和班委会建设，做好学生骨干培养工作，激发学生的积极性、主动性。

（二）辅导员要切实做好的重要工作

1. 要做好日常思想政治教育工作

作为大学生日常思想政治教育的基层指挥员，辅导员要充分发挥自己的政治优势和组织优势，统筹各方力量，把大学生们动员起来，组织起来，共同开展日常思想政治教育工作；要指导学生党支部和班委建设，做好学生骨干培养工作，激发学生在教育过程中的积极性、主动性。要围绕理想信念教育、爱国主义教育、公民道德教育、素质教育等方面的任务要求，动员、指导和组织学生开展形式多样的教育活动；要依照校规校纪等，加强对学生的日常管理；要了解和掌握大学生思想政治状况，针对大学生关心的热点、焦点问题，及时进行教育和引导，尽量把矛盾和冲突等不和谐因素消灭在萌芽状态，维护校园的安全和稳定。

2. 要做好服务育人工作

思想政治教育既要教育人、引导人，又要关心人、帮助人。辅导员要为大学生的成长成才服务。要具体落实好对经济困难大学生资助的有关工作，组织好大学生勤工助学，积极帮助经济困难的大学生完成学业。要积极开展就业指导和服务工作，为大学生提供高效优质的就业指导和信息服务，帮助大学生树立正确的就业观念，引导毕业生到基层、到西部、到祖国最需要的地方建功立业。总之，就是要通过辅导员的服务育人，使大学生深切感到祖国的关怀。

3. 要开展深入细致的思想政治工作和心理健康教育

要经常性地开展谈心活动，有针对性地帮助大学生处理好学习成才、择业交友、健康生活等方面的具体问题，释疑解惑，疏导情绪，提高大学生的思想认知和精神境界。要结合大学生的身心发展特点，引导大学生养成良好的心理品质和自尊、自爱、自律、自强的优良品格，增强大学生克服困难、经受考验、承受挫折的能力。总之，要坚持一把钥匙开一把锁，做到立德树人。

三、辅导员的素质要求

高校辅导员不仅是高等学校教师队伍和管理队伍的重要组成部分，而且是开展大学生思想政治教育和管理工作的组织者、实施者和指导者。高校辅导员应当努力成为学生的人生导师和健康成长的知心朋友。高校辅导员是一个神圣的职业，承载着学生家长、学校和社会太多的期盼和责任，其自身的综合素养水平，直接关系到高校人才培养目标和任务的实现，关系到大学生全面发展需求的满足，关系到学校的可持续发展。

（一）较高的思想政治素质

辅导员要具备较高的思想政治理论水平，具有坚定的政治立场，比较高的思想政治理论水平和扎实的马克思主义理论基础，熟悉建设中国特色社会主义的基本理论知识，深入了解我们党的路线、方针、政策。辅导员的工作对象是大学生，该群体的一个重要特点是思想政治素质相对比较薄弱，加之当今的社会环境纷繁复杂，极易受到各种思潮的影响。在这种情况之下，辅导员对大学生的思想政治方面的教育就显得格外重要。辅导员具备较深层次的思想政治理论素质和实践能力，能准确地把思想政治理论转化、传播和讲授给学生，并能够对学生起到明显的影响和导向作用。思想政治理论水平的高低并不能完全决定辅导员工作的成败。理论要对实际发挥作用，关键还要看理论知识能否运用到实际工作当中。在理论运用过程中，一个非常重要的问题就是思想政治觉悟问题。理论学习之后，只有通过自身的积极思考、认真领悟，自觉把理论上升为行动的指南才能指导实践，才能使理论真正成为推动实践的重要动力。

1. 要有坚定的理想信念

辅导员要努力成为青年马克思主义者，确立在中国共产党领导下走中国特色社会主义道路、实现中华民族伟大复兴的共同理想和坚定信念，树立共产主义的远大理想，确立马克思主义的坚定信念，具有鲜明的政治态度和坚定的政治立场，掌握正确的政治观点，具备较高的理论素养。

2. 要有很强的政治自觉性

辅导员要在政治原则、政治立场和政治方向上始终与党中央保持一致，具有政治坚定性，这样才能在政治上指导和引导学生，特别是引导和培养学生中的先进分子信仰马克思主义，信仰共产主义。

3. 要有很高的思想道德水准

辅导员对大学生具有强烈的示范性。要把大学生培养成为思想道德过硬的合格人才，要求作为导航人的辅导员具有较高的思想道德水准，要有很强的组织纪律性；要不折不扣地认真贯彻落实上级部门的有关工作部署，一切行动听指挥；能够着眼于大学生思想政治教育工作的全局，着眼于学校改革发展和稳定的全局，勇于奉献，乐于奉献，兢兢业业做好本职工作。

4. 要不断加强自身的学习，包括思想教育学习和专业基础知识的学习

辅导员加强思想政治教育学习是为了帮助学生武装头脑、指导学生提高各方面的素质和能力，为自身发展提供可靠依据与基础；加强专业理论知识的学习和钻研，不断塑造自身的人格魅力，为学生做好榜样，实现自我目标和价值。

（二）良好的职业道德素养

1. 爱岗敬业

一个不爱岗的人是很难做到敬业的，一个不敬业的人也很难真正做到爱岗。因此，辅导员要想做好本职工作，首先必须爱岗敬业。要立足本职工作、专心致志、兢兢业业、精益求精，应努力钻研业务、尽快掌握所带学生的特点及成才规律，应认真提高自身的思想觉悟，改变过去将辅导员作为过渡性职业的观念。

2. 富有责任感

作为辅导员要有高度负责的精神，要有强烈的对学生健康成长负责、对学校长远发展负责、对家长苦心培养负责、对建设社会主义现代化高度负责的精神。做好辅导员工作，应该从党的事业发展的高度来考虑，应该从社会安定团结的大局来考虑，从百年树人、对生命负责的角度来考虑，这样才能真正珍视生命，珍视每一个学生的未来，珍视社会的发展前途，从而实现自己的人生理想和信念。对于辅导员工作而言，每一个大学生都是一个鲜活的生命，他们的成长如何关系着祖国的未来，关系着他们将来是否幸福。所以，辅导员必须始终保持一种高度负责的精神状态来做好自己的工作。一个麻木不仁、无动于衷、对生活没有爱好、不能主动承担责任的人，是不适合从事辅导员工作的。从事辅导员工作必须有很强的责任感、责任心，必须对事业有高度负责的精神。

3. 服务意识

辅导员工作直接面对学生，从学生入学到毕业离校的过程中，要为学生创造良好的学习环境，帮助学生解决学习、生活中面临的各种问题。因此，辅导员要有全心全意为学生服务的精神，逐步从管理型向教育型、服务型转变。

4. 乐于奉献

辅导员面对的工作是复杂的多维的，需要巨大的精力投入，更需要奉献精神。如果没有很高的工作热情，想做好工作是不可想象的。只有充满热情，才能转化为高度负责的精神，可以说，有了工作热情，才能有饱满的精神状态，才能对别人产生示范作用，才能给人以信赖感，也才能发挥教书育人的作用。辅导员这种工作性质决定了很少会有惊天动地的成就，更多的是日复一日的辛勤工作，在学生工作的岗位上奉献出自己的年华。在这样平凡的岗位上，奉献精神是必不可少的。

5. 高尚人格

辅导员的人格力量是指他的性格、仪表风度、文化素养、思想品格、心理气质等方面的综合素质在学生心目中所产生的感染力和影响力。在日常工作中，要以良好的道德品质和艰苦奋斗、无私奉献的精神状态来感染、教育学生，以对学生满腔热情的关爱来帮助、引导学生，在处理学生助学贷款、就业等与学生个人利益密切相关的工作时，要做到公平公正，保持廉洁；在处理重大问题时，要靠得住，冲得上，有激情，能战斗，敢于打硬仗，敢于面对和解决难题。这些素质虽然不是凭借组织赋予的权力，也不是凭借外在的势力，却能说服、感化、影响并指导大学生的思想和行为。诚如孔子所说："其身正，不令而行；其身不正，虽令不从。"

（三）合理的文化知识结构

1. 要有坚实的理论基础

辅导员工作是做人的工作，是一门科学，一门艺术，一门学问。辅导员要认真学习时事政策，学习管理学、教育学、社会学和心理学以及就业指导、学生事务管理等方面的科学知识。

2. 要有广博的文化知识

当代大学生是一个知识群体，他们思想敏锐，信息灵通，接受新事物快，具有一定的科学文化知识。高校辅导员要想做好大学生思想政治教育工作，必须有广博的科学文化知识做底蕴。多元的知识结构和良好的知识储备，是高校辅导员做好大学生思想政治工作的基石。辅导员的知识结构应包括四个方面，即思想政治工作知识、教育与心理知识、广泛的社会文化知识和一定的科学技术知识。

3. 要能灵活运用各种工作技巧

要认真总结和学习开展大学生日常思想政治教育工作的经验，掌握做好工作的技巧和规律。要加强对新情况的研究，注重运用先进的科研成果和有关理论指导实际工作，不断探索新途径，解决新问题。

4. 要具有很强的组织能力和分析问题、解决问题的能力

在一些突发事件的处理上，能够做到处变不惊、沉着应对、果断处置，及时稳定学生的情绪，防止事态扩大。能够从现实出发，对原有的决策、方案和意见及时进行修改和补充，因势利导，把工作向前推进。

5. 具备较高的学习能力

在指导学生的实践活动中，特别是参与到学生专业的实训、实践中，应该在观察力、理解力等方面给学生做榜样，将自己观察和学习到的与学生分享，特别是将培养学习能力的方法教给学生，让学生在潜移默化中不断提高自己的分析问题和解决问题的能力。

（四）健康的身体与心理素质

1. 具有豁达的胸怀和坚强的意志品质

这是辅导员减轻心理压力、提高自身社会适应能力、战胜工作中的困难与挫折所必须具备的心理素质。思想政治工作是与人打交道，帮助人解决困难与问题的工作，在这过程中少不了会遇到许多令人烦恼的事。积极、良好的心态有助于充分发挥自己的积极性和创造性，提高工作效率，克服遇到的困难。

2. 具有真诚的情感品质

辅导员要善于用自己的真情去关心学生、爱护学生，具有理解学生和尊重学生的良好品格，与学生建立互相信任的关系。辅导员不能仅把学生当成是单纯的受教育对象，还应和他们做朋友，坦诚地与之沟通和交流，力争成为学生的知心朋友，只有这样，才能建立起融洽的师生关系，才能不断拓展师生之间的情感交流，才能对学生有充分和真正的了解，才能有效地帮助他们、教育他们，促使他们健康成长。

3. 具有良好的自我控制能力

在学生工作中，能慎重对待自己的言行，善于支配和控制自我；在困难面前，具有坚强的意志和坚定的毅力；面对顺境或逆境，都能沉着应对，善于控制自己的情绪，保持冷静。

（五）扎实的业务素质

1. 较强的组织管理能力

辅导员应积极主动地参加到学生活动中去，协助他们把活动开展得丰富多彩。在活动的准备阶段应积极主动地启发和拓展学生的思维和视野；在学生做活动方案和计划时，应积极、认真地给予指导和帮助，从计划中体现活动内容的充实、活动时间的适宜。对于辅导员来说，在学期初充分考虑学校安排与学生实际需求等情况制订计划；在学期中，严格执行计划，并合理利用学校的现有资源，充分调动学生的积极性；在学期末，科学总结计划的执行效果，并总结经验教训等，这些都是其管理能力的具体表现。

2. 较强的语言文字表达、文体等能力

辅导员作为学生工作的基层负责人，平时与同学们朝夕相处，开展各项活动，既是策划者、组织者，又是成员之一。辅导员如果具备良好的口头表达和文体才能，在学生开展的各项活动中能直接介入充当角色，从而寓教于乐。

3. 较强的沟通、协调能力

辅导员应该具备较好的沟通交流能力，彰显人格魅力。在宿舍、食堂中要与他人平易相处，不能总把自己定位在学生的老师的位置上，更应该是学生的朋友，应该相互尊重，相互平等对待等；辅导员应该经常与班级任课教师交流和沟通，从课堂上了解学生的上课情况，针对学生的学习态度和方法，帮助学生树立学习信心，加强学习的观念，设立科学的学习目标，运用科学的学习方法，帮助学生培养良好的学习习惯，以利于顺利完成学业和提高各项素质；辅导员应该加强与学生所在宿舍管理员的交流和沟通，这样可以了解学生在宿舍的情况：日常行为习惯、宿舍的卫生文化情况以及学习之外的思想活动内容和动态趋势，以利于有针对性地开展思

想教育工作；辅导员应该多与学生的家长进行通畅、有效的交流和沟通，从多方面更加深入地了解学生的成长背景，学生的性格、喜好，争取在最短的时间内把握学生的情况，以利于因材施教。

4. 较高的心理解惑能力

学生迈进大学校园，可能在短时间里或者较长一段时间里不能很好适应大学校园的生活习惯，从而思想行为逐渐发展到另一个极点：孤独、不与他人相处、不关心集体、不团结同学、不思上进，遇到问题时不采取积极的办法解决，总是选择躲避甚至走向极端等。当发现学生存在心理问题时，辅导员应该及时采用专业的心理学知识进行指导和帮助，努力帮助他们恢复健康心理状态，重新塑造大学生健全的人格和品质。所以，辅导员应该具备较专业的心理学知识，并能从理论上升到实践中，针对不同学生的心理状况做出有针对性的指导和帮助。

辅导员应该具备的核心竞争力有开放的视野和积极心态、亲和力、与时俱进的学习能力、宣传鼓动能力、资源整合和活动策划能力、解决实际问题的能力、创新能力、规划和心理咨询等技能及一定的特长。

从实际情况看，作为高校辅导员需要根据具体的工作对象，运用不同的工作方法。所以辅导员更应该从多方面培养自己的能力素质，从多方面科学合理地帮助和引导学生提高素质，因材施教、因材而教、因材而导、因材而变、因材而提高等，只有不断地进取，不断地完善工作内容和职责，才能更好地适应和满足学生的需求，才能更好地胜任高校辅导员岗位职责的要求。

第二节　高校辅导员工作内容

高校辅导员与大学生之间关系密切，相较于专业课教师，辅导员和大学生的接触更多，他们的工作范围更广，工作内容更丰富。辅导员工作的每项内容都与大学生的成长成才有密切联系，并且教育内容会随着时代发展不断优化和完善。

一、大学生思想政治教育与引导

（一）理想信念教育

1. 大学生理想信念教育的主要任务

理想信念教育始终是大学生思想政治教育的一项重要内容，其主要内容是以理想信念教育为核心，深入进行树立正确的世界观、人生观和价值观教育，坚持不懈地用马克思列宁主义、毛泽东思想、邓小平理论、"三个代表"重要思想、科学发展观以及习近平新时代中国特色社会主义思想武装大学生的头脑，深入开展党的基本理论、基本路线、基本纲领、基本经验教育，开展中国革命、建设和改革开放的历史教育，开展基本国情和形势政策教育，开展科学发展观教育，使大学生正确认识社会发展规律，认识国家的前途命运，认识自己的社会责任，确立在中国共产党领导下走中国特色社会主义道路、实现中华民族伟大复兴的共同理想和坚定信念。引导大学生不断追求更高的目标，使他们中的先进分子树立共产主义的远大理想，确立马克思主义的坚定信念。理想信念教育当前最突出的是加强"四信"教育，即马克思主义信仰教育、共产主义信仰教育、社会主义信念教育和对共产党的信任教育。

2. 大学生理想信念教育的途径和方法

在大学生群体中开展理想信念教育，要采取适当的教育途径和教育方法，尤其是在大学生理想信念日益薄弱的今天，更需在途径、方法层面与时俱进，求得实效。

（1）加强社会实践，发挥实践功效

理想信念教育既需要理论上的学习，也需要实践上的体验，更需要两者的结合升华。社会实践是培养创新精神、协作精神、实践能力和社会交往能力的重要途径。在社会实践中，引导学生健康成长和成才，接触社会，了解社会，服务社会，要坚持"学知识、受教育、长才干、做贡献"的原则，开展落实科学发展观、大学生就业现状、基层民主建设、传统文化保护现状等调研类为主要内容的形式多样的社会实践活动，让学生在实践中得到锻炼，在实践中成才。

（2）强调大学生主体性，激发大学生积极性

在充实、丰富理想信念教育内容的基础上，贴近生活，贴近实际，贴近学生，减少说教，体现层次性和灵活性，开展形式多样化和实践化的教育，激发大学生的主体性和参与性，增强理想信念教育的亲和力与影响力。

（3）建设良好校园环境，发挥校园文化的熏陶作用

作为学校精神、传统、作风的综合体现，校园文化具有内在的教育导向功能，有助于传递文化知识，陶冶高尚情操，活跃课余生活，疏导消极情绪等，充分发挥校园文化的熏陶作用，有助于提升理想信念教育的境界、层次和水平。

（4）加强统一领导，充分发挥党团组织的思想、政治、组织优势

在对党员培养、管理和教育的过程中，加强党员先进性教育，充分发挥他们在理想信念教育中的骨干带头作用和先锋模范作用，发挥团组织在教育、团结和联系大学生方面的优势，竭诚为大学生的成长成才服务，从对学生的成长成才的关心、

关怀入手，为学生的成长成才提供好服务，针对学生内心深处存在的问题，找准症结，把道理讲清楚，把是非搞明白，在潜移默化中，让大学生接受理想信念教育，增强理想信念教育的渗透力和辐射力。

(二) 民族精神教育

1. 大学生民族精神教育的主要任务

历史证明，任何一个国家、任何一个民族的发展和前进，都不能缺少民族精神，它作为一种精神动力，是促使一个国家、一个民族发展和前进的精神基础和动力支持。在大学生中进行民族精神教育理所应当需要以爱国主义教育为重点，深入开展中华民族优良传统和中国革命传统教育，开展各民族平等团结教育，培养团结统一、爱好和平、勤劳勇敢、自强不息的精神，树立民族自尊心、自信心和自豪感，要把民族精神教育与以改革创新为核心的时代精神教育结合起来，引导大学生积极投身中国特色社会主义事业的伟大实践之中，在时代和社会的发展进步中汲取营养，培养爱国情怀、改革精神和创新能力，始终保持艰苦奋斗的作风和昂扬向上的精神状态。在大学生中进行民族精神教育，还需引导大学生继承、传播、发扬和创新民族的先进文化，增强大学生爱祖国、爱人民、爱劳动、爱社会主义的情感，将自己的理想与祖国的前途、民族的振兴联系起来，将个人的荣辱得失与祖国的兴衰强弱联系起来，树立强烈的社会责任感和历史使命感，为民族的伟大复兴贡献力量。

2. 大学生民族精神教育的途径和方法

和理想信念教育一样，民族精神教育也是一项复杂的系统工程，在大学生中培育和践行民族精神，不仅要发挥各门学科的教育作用，还要发挥思想政治理论课的主渠道作用，更要发挥日常思想政治教育的主阵地作用，采用多种途径和方法，激发大学生的主体性，深化升华民族精神教育，提高民族精神教育的亲和力、渗透力和辐射力，切实提高民族精神教育的实效。

（1）充分发挥校园文化的熏陶作用

深度发掘新时代中华民族的精神，用富有时代气息的鲜活精神来充实教育内容，融入丰富多彩的校园文化活动，集传统文化教育、国情国史教育、现代社会公民意识、国家意识教育、中国特色社会主义建设精神教育、和谐宽容和志愿奉献精神教育、现代公民人格精神教育、人生价值和生命精神教育于一体，激发大学生的爱国情感和报国志向。

（2）充分发挥思想政治教育的渗透作用

在日常思想政治教育中，深入开展传统文化和传统道德教育、革命传统教育、国情省情教育、形势政策教育，让学生认识中华民族的过去、现在和未来，了解中华民族辉煌灿烂的文化。

（3）充分发挥大学生的主体性和积极性

随着时代的进步，传统的教育模式已经不适应当前的大学生教育，开展科学有效的民族精神教育，必须充分尊重大学生的主体性，激发他们的积极性。具体来说，要根据学生的思想特点和成长规律，以多样化的群体组织、多样化的活动开展深入浅出的爱国主义教育，充分发挥学生在民族精神教育中的主体作用，激发学生的积极性和主动性，引导学生主动参与，积极配合，在参与的过程中培育和弘扬民族精神。

（三）公民道德教育

1. 大学生公民道德教育的主要任务

道德教育指一定社会或集团为使人们自觉遵循其道德行为准则，履行对社会和他人的相应义务，而有组织、有计划地施加系统的道德影响。比较完整的道德教育过程，一般包括提高认识、陶冶情感、磨炼意志、确立信念和培养行为习惯等主要环节。与通常的知识教育相比，道德教育具有交融性、重复性、强烈实践性和渐进性等主要特点。社会主义社会的道德教育，主要是培养人民的共产主义道德品质，提高人民的积极主动性，推动社会秩序和社会风气的不断改善。它既从现实经济政治关系的实际需要和可能出发，又着眼于人民道德境界的不断升华。它不仅注重清除一切旧道德的消极残余和影响，积极配合和保证政治、法律、知识、审美等方面的教育，而且更注重于培养人民的社会责任感和道德选择能力。

2. 大学生公民道德教育的途径和方法

（1）打造良好教育环境，营造舒适学习氛围

公民道德教育联系着家庭教育，又联系着社会教育，需要家庭、社会和学校的合力，更重要的是要善于发挥大学生的主体意识，尤其是在道德方面的主体性，引导学生在学习、工作和生活中充分开展自我教育、自我管理和自我服务，实践道德规范，因地制宜，因人而异，开展贴近学生、贴近生活、贴近现实的道德教育，并利用多媒体、网络等现代信息技术，开展多样化、生活化、人本化的公民道德教育，组织学生开展勤工俭学、社会调查、社会实践、社区服务等社会活动，引导学生在实践中体会、体验、认同、内化道德规范，把握做人做事的规范与尺度，养成良好的观念和习惯。

辅导员应该开展全方位的道德教育，从班级文化建设、社团文化建设和校园文化建设入手，开展具体可行的教育活动，增强大学生公民道德教育的形象性、具体性、趣味性和感染性，增强公民道德教育的渗透力、辐射力和影响力，建设良好的

学风、考风和校风，营造大学生公民道德教育的良好氛围，形成大学生公民道德教育的合力。

（2）尊重大学生主体性，加强教育针对性

随着时代发展，大学生在教育中的主体地位愈加凸显，想要开展切实有效的道德教育，就必须充分尊重他们的主体性，加强教育针对性。大学生思想活跃，求知欲强，公民道德教育须高瞻远瞩，上升到一定的理论高度，帮助大学生系统掌握社会主义核心价值观体系，用马克思主义的道德观分析社会道德现象，解决相应的认识问题，提高大学生对道德的理性认识；同时，大学生具有较高的知识文化水平，公民道德教育必须厚积薄发，具有一定的文化深度，用鲜活的事实、深厚的文化，增强大学生对道德的文化性理解，提高大学生对道德的认同感；此外，大学生处于青春期，具有一定的叛逆性和独立性，公民道德教育宜潜移默化，具备一定的人性温度，从小事、身边事做起，由近及远，由己及人，由知到行，提高大学生对道德的亲切感。

"以人为本"是大学生公民道德教育的基础，在此基础上还应该增强教育的灵活性和辩证性。当代大学生更加务实、理性，面临着多方面的挑战，应引导大学生处理好公平与效率、义和利、知与行、德与才的关系，处理好传统与现代、中国与世界、先进与普通的关系，逐步建立起因人而异而又适应社会不同层次、不同职业领域要求的道德体系，同时，增强公民道德教育的内容、内涵，融入环境伦理、生态伦理、科技伦理、网络伦理教育与公民道德教育，引导大学生树立新的道德观。

（3）强调基本道德规范，加强基础性公民道德教育

辅导员开展大学生公民道德教育，首先要重视基础性道德教育，也就是说，要以基本道德规范为基础，在大学生中深入进行公民道德教育。认真贯彻《公民道德建设实施纲要》，以为人民服务为核心，以集体主义为原则，以诚实守信为重点，广泛开展社会公德、职业道德和家庭美德教育，引导大学生自觉遵守爱国守法、明礼诚信、团结友善、勤俭自强、敬业奉献的基本道德规范，坚持知行合一，积极开展道德实践活动，把道德实践活动融入大学生学习生活之中。

第一，结合大学生的年龄特点和文化层次，开展形式多样、内容丰富的学习教育和社会实践活动，引导大学生在实践活动中遵守日常行为规范，从身边的事情做起，从具体的事情做起，着力培养良好的道德品质和文明行为，形成高尚的道德理念，强化道德意识，提高道德素质，升华道德境界。

第二，统筹全局，强调全面性。从大学生的实际情况出发，提高大学生对为人民服务思想的认识，积极探讨为人民服务的新形式，引导大学生不断追求更高的道

德目标。引导大学生深刻领会集体主义精神，正确认识和处理集体和个人的利益关系，提倡个人利益服从集体利益，局部利益服从整体利益，当前利益服从长远利益，把个人的理想与奋斗融入广大人民群众的共同理想和奋斗之中，在为社会的奉献中体现自己的价值。加强法治教育和诚信教育，增强大学生的法律意识和守信意识，提高大学生守法的自觉性，树立社会主义荣辱观，发扬传统美德，古为今用，熏陶和教育大学生。

二、大学生成才发展指导教育

（一）大学生成才发展指导教育的主要任务

对学生进行成才发展指导是辅导员的主要工作，以大学生的全面发展为目标，以服务学生成长成才为宗旨，针对大学生在求学过程中所面临的学业、就业、心理、生活等方面的各类发展性问题，通过教育、引导、咨询、辅导等多种方式和途径进行指导，激发大学生潜能的发挥，使大学生成长为专业本领过硬、具备较强社会适应力和竞争力的优秀人才。其主要内容包括学生适应性教育、职业规划和学业指导、校园生活指导、心理健康教育指导、社会实践指导、校园文化活动指导、创新创业指导等内容。

（二）大学生成才发展指导教育的途径和方法

1. 实施职业发展导航工程，"全过程"引领学生成才发展

实施大学生职业规划导航跟踪工程，将不同年级以及不同发展层级的学生纳入导航体系，切实指导大学生科学制定、有效实施和适时修正学业、职业发展规划，实现对学生学业、职业发展的全过程教育引导。为确保大学生职业规划导航跟踪教育的有效开展，真正实现职业规划教育的早期性、连续性、系统性、实用性、专业化、个性化的目标，需从观念转变、教学改革、队伍建设三个有效路径着力，真正做到"三管齐下"。

（1）观念转变是先导

观念左右人的思路，影响和决定人们的精神和素质。观念是行动的先导，行动滞后是观念落后的必然结果。有什么样的观念，就有什么样的行为；有什么样的行为，就有什么样的习惯；有什么样的习惯，就有什么样的性格；有什么样的性格，就有什么样的命运。观念不同，价值取向就不同，解决问题的思路也就不同，结果自然也不同。因此，要开展好大学生职业规划教育，首先应转变观念，只有新的观念才能给我们找到新的出路。

第一，对于大学生，需增强自我意识。

在职业规划指导中帮助大学生科学树立职业理想的意义不仅在于帮助其找到能够胜任的具体工作，更重要的在于能够使大学生在整个职业生涯中既有很强的岗位适配性，又获得非常大的职业满足感和成就感。因此，大学生在校期间的学习要发挥主观能动性，增强自我意识。增强自我意识是一个理性地审视自我的过程，它反映在正确认识自我时不越位、不错位、不空位。只有养成自我意识，提高自主决策能力和自主解决职业发展问题的能力，自觉设计规划职业生涯，才能避免就业的盲目性，从而降低就业失败的可能性，为个人走向职业成功提供有效的保障。

第二，对于高校，需转变职业指导工作理念。

首先，要高度重视大学生职业指导工作。高校在大学生职业指导工作中承担着重要职责，大学生的职业理想教育必须在高校的正确引导下才能顺利进行。高校必须充分认识到职业指导对大学生成长成才的作用和意义，在思想上重视大学生职业指导工作，并且通过会议、校园广播等进行广泛宣传。一方面鼓励大学生进行职业生涯规划，引导大学生树立正确的就业观念；另一方面也要引起全校教职工的足够重视，积极为大学生提供指导，真正实现职业指导工作的全员化，以科学发展观为指导，把大学生职业理想教育纳入高校改革发展的整体运作之中，构建协调发展的良性机制。

其次，要转变职业理想教育目标。目前，人们广泛认同的职业指导的理想目标是实现人职的最佳匹配。但这样只能说明某个人适合某种职业，并不能说明这种职业是否符合人的需要。随着"以人为本""以生为本"理念的兴起，在职业指导时应开始重视人的需要和职业价值观在职业选择中的作用，重视个人的职业满足感和职业成就感，这样必然增加了工作适应性和工作稳定性，个人在这样的工作领域会干得更加持久，职业更加容易获得可持续性发展。因此，学校的职业指导目标也应该在此基础上进行转变，指导的目标是要把人职匹配的目标定位在"职业满足"而不仅仅是"胜任"。

最后，要树立科学的职业理想教育理念。要开展有效的职业理想教育，就必须树立科学的职业理想教育理念。科学的职业理想教育理念应包含以下主要内容：①树立职业理想是建立在正确认识主客观基础之上的一个长期坚持的自我探索过程。②职业理想教育重在实践。通过职业实践，将自己的职业理想目标落实为实际行动，不断接受社会、企业组织和他人反馈的信息，对自身的职业体力倾向、职业能力倾向和职业个性倾向予以全面科学的衡量与评价，实现择业观从"我能干什么"的理想型向"我会干什么""我适合干什么"的现实型转变。③职业理想教育的目的在于实现个体和谐、可持续发展。我们需要树立一种注重人的全面发展，强调开发人的潜能，以人的可持续发展为第一需要的教育理念，也就是要把"以人为本"的教育理念运用在职业指导过程中，注重对学生进行个性化的职业辅导，把学生个人的全面发展作为工作重点。以一种长远发展的眼光来指导学生的就业，使学生能够终身受益。④注重培养学生的职业发展意识。俗话说："机会是留给有准备的人的。"而所谓"有准备"，首先是思想意识上的准备，其次才是个人才能的准备。职业理想教育要立足于帮助大学生树立"有准备"的意识。大学生如何做好准备，如何更好地适应社会并在职业发展过程中脱颖而出，提前培养职业发展意识是关键。这就要求大学生将思想与发展眼光延伸到未来职业需求上，除了在知识、特长、技能实践等方面提早储备和锻炼提高外，还要特别注意提前培养职业发展意识。广义的职业发展意识是指为追求职业发展前途而对职业发展过程和环节所做的多种能力准备与思想观念意识准备。如果说专业教育更多旨在培养大学生应该具备的某种专业能力的话，那么，职业理想教育则是培养这种思想观念上的意识的唯一有效途径。

第三，对于社会，需营造大学生职业指导的良好氛围。

社会氛围对于大学生或高校进行职业指导的影响至关重要，如果没有合适的社会氛围做支撑，大学生职业指导进行起来就会困难重重。《国务院关于大力发展职业教育的决定》指出："要发挥学校教育、家庭教育和社会教育的作用，为学生健康成长创造良好的社会环境。"要落实以上精神，必须加强与家庭、社会的联系，取得全社会的大力支持。要想在全社会形成良好的氛围，首先就要通过舆论、宣传等的工具，大力宣传职业指导的意义与作用，不但引导大学生进行职业规划，而且引导已经参加工作的人进行职业规划，重新审视自己的职业理想，营造全社会认可、接受、支持和重视职业规划的良好局面。同时，争取家长在子女早期教育中为职业规划打下一定的基础。由于大学生在思想上对家庭仍有较强的依赖性，家庭教育在职业理想树立过程中起着举足轻重的作用。因此，加强学校和家庭的双向交流与互动，得到家庭教育的配合与关注，才能起到好的教育效果。

（2）教学改革是根本

大学生职业理想教育是一项系统工程，应精心组织本科生四年的系统教育，优化设计有利于学生树立正确职业理想的教育内容和教学环节，把职业理想教育融入大学生知识结构完善、素质提高的过程中，结合时代发展的新形势，革新教育观念，充实职业理想教育的新内容，大胆探索职业理想教育的新途径和新方法，将职业理想教育与思想政治教育、专业教育、职业指导教育有机结合起来，构建三位一体的教育模式。

（3）队伍建设是保障

大学生职业指导既是一项神圣的事业，又是一项专业性很强的工作，需要配备一支具有较高专业知识、能力和素质的队伍。这支队伍既有量的保证，更有质的提高。

首先，从量上来讲，要按照中央有关文件规定，按 1∶500 的比例逐步配齐专职职业指导人员。只有这样，才能保证除了处理职业指导中日常事务之外，还有人力可以投入高层次的职业指导当中。其次，从质上来讲，高校要尽快建立健全就业指导机构，加强就业指导队伍建设。所以，做好大学生职业指导工作，需要建设一支专业化、专家化的师资队伍作保障。这就需要通过引进人才和集中培训学习相结合，建立一支专业化、专家化、科学化的职业指导队伍。一方面引进长期从事职业规划开发的国内外专家，充实师资队伍；另一方面，通过培训进修的方式，培养自己的专业师资队伍。这支队伍应该具备以下专业素质：①在职业生涯规划教育、指导方面具有较广博的职业生涯规划知识和较开阔的视野以及一定的实战经验；②具有良好的知识运用能力，主要表现在学习能力和工作能力两方面。学习能力体现在能够运用所学知识进行分析总结。工作能力主要体现在能够创新，能够在工作过程中不断地研究职业生涯规划的相关理论，提出新的可行性的规划方案；③良好的心理素质，主要表现在具有充分的自信心、控制管理情绪的技巧、人际交往中的人格魅力以及应对压力的能力。通过引培结合的方式，不断提高队伍的专业水平，形成学生辅导员、职业指导专职辅导员、职业制度专职教师的三级服务梯队，切实推进大学生职业发展教育人员的专业化、职业化、专家化。

2. 实施素质提升工程，"全方位"助推学生成才发展

第一，实施科创培育工程。以挑战杯、"创青春"创业大赛、创新创业实践周、暑期社会实践为载体，培养学生创新创业能力。

第二，实施学生干部形象工程。以制度建设、学生干部培训、素质拓展、团体辅导等为依托，提升学生干部队伍素质和能力。

第三，实施学生党员旗帜工程。建立健全党支部各项规章制度；围绕谈话制、承诺制、考核制建立党员入党转正测评体系；带头争当"四面旗帜"（做思想先进的旗帜、学业优秀的旗帜、甘于奉献的旗帜、严于律己的旗帜），做学生的成才表率。

第四，实施知心工程。增进辅导员与学生的深入交流，促进辅导员规范、有针对性地帮助学生改善学习和解决各种困难，实施知心工程。主要形式是辅导员针对每一个学生的具体情况，拉网式与学生开展面对面谈心谈话，深入了解学生的心态，掌握学生的思想波动和行为异常，让学生在世界观、人生观、学习方法、思想方法、个性锻炼等方面获得有益的指点，并及时化解他们的心理问题，帮助他们愉快地健康成长。知心工程的内容框架分为三个模块：面谈咨询模块、分析研究模块、援助辅导模块。主要针对学生的典型问题，设计制作"学业分析与面谈咨询记录表""新生职业生涯与学业进程设计辅导谈话记录表""毕业生就业辅导谈话记录表"等表格，做好谈话记录。

三、大学生心理健康教育

（一）大学生心理健康教育的内容

心理健康是健康的重要组成部分，对于大学生来说当然也是如此。教育部《关于进一步加强和改进大学生心理健康教育的意见》提出，大学生心理健康教育的主要任务是帮助大学生树立正确的心理健康意识，介绍增进心理健康的途径，解析心理异常现象，传授心理调适的方法。所以，大学生心理健康教育的内容既包括对心理健康教育基本知识的介绍和普及，也包括对心理调适方法的传授与应用；既包括对心理异常现象的解析与预防，也包括优化心理素质、潜能的培养与开发；既包括对大学生学习生活、适应发展诸方面的关注与指导，也包括对多种心理行为问题的缓解、消除与矫治。

1．加强网络认知教育

随着网络的不断发展，大学生的学习和生活已经离不开网络。但是面对网络信息传播内容良莠不齐的现状，辅导员应该积极引导大学生恰当利用网络资源，正确辨别网络信息。同时，提高大学生的选择、判断、鉴别与自控能力，自觉抵制各种不良信息的侵蚀，增强自我约束能力，遵守网络规范，做遵纪守法的文明网民。

2．培养心理健康意识

对于大学生个体来说，自觉完善心理健康不仅是大学阶段的任务，而且是终身学习的任务。只有当大学生拥有健康的心理，才可能在今后的学习、工作、生活中不断丰富心理健康知识，自觉提升心理素质。因此，辅导员可以通过开展心理健康教育活动，增强大学生心理健康意识，使大学生掌握有关预防、识别、调节心理健康问题的基本知识与方法，学会自我心理保健，缓解、消除在学习、生活及成长中产生的心理困惑和心理矛盾。

3. 开发心理潜能，促进自我实现

现代心理学和脑科学的研究显示，人类仅仅激发出了一部分心理潜能，还有很多潜能没有得到开发与利用。作为现代高等教育重要组成部分的大学生心理健康教育，其目的不仅在于对心理问题的预防和消解，更在于对大学生心理素质的提升、心理潜能的开发及自我价值实现的促进。通过心理健康教育，大学生形成恰当的成就动机，具备人际交往的基本观念与技能，建立健康的情爱观，初步厘清价值追求，不断发展健全人格，实现与周围环境及社会发展的良好适应，促进自身的成长与发展；帮助大学生确立适当的就业期望，进行正确的职业定位，提高挫折应对能力与承受能力，增强竞争意识和社会责任感，在知识、体格、人格、能力等方面为进入社会做准备。

4. 培育心理品质，提高适应能力

对大学生开展心理健康教育，并不能局限于理论知识的传授，更重要的是培养大学生运用知识的能力以及提高他们的适应能力，提高科学应对当前学习生活中可能遇到的各种心理冲突和心理问题的实际技能。为此，辅导员应通过心理适应教育，使大学生更好地认识自我和他人，认识并适应环境，了解并热爱专业，合理应对学习、生活、交往和社会发展中的各种变化，学会自我分析、自我调控，学会解决学习和生活中的实际问题，使大学生能够学会学习、学会交往、学会生活、学会做人，成为适应能力良好、心理健康的人。

（二）大学生心理健康教育的途径和方法

当前高校的大学生出生和生活在中国信息科技飞速发展的时代，是信息时代的优先体验者，他们大多是独生子女，有优越的生活条件和环境，他们作为拥有较高智力、较高文化和较高自尊心的群体，有着更高的抱负和追求，在成长过程中他们有着自己独特的心理特征，但相对而言，他们承受挫折的能力较弱。针对当前高校大学生思想特点与心理健康状况，积极地进行自我调适是维护、保障和促进自身心理健康的根本途径。

大学生心理健康的自我调适是指大学生自己主动发挥自我意识能动性的积极面，克服其消极面，进行自我的心理调适，以达到维护心理健康状态的目标。大学生心理健康的维护、保障和促进可以从以下方面进行。

1. 树立正确的"三观"，发挥其导向作用

树立正确的"三观"必须坚持发挥社会主义核心价值体系的指引作用，培养大学生做人做事的道理。因为正确的世界观、人生观、价值观是一个人的精神支柱与灵魂所在，是一个人对客观世界、人生的感悟、价值的认知等方面的自我理解与取

向，一个树立正确世界观、人生观、价值观的人懂得善待他人，得失坦然，对发生的事情与矛盾能够客观看待，能够做到无畏艰难，永葆一个良好心理状态，去改变自我命运与前程。

2. 充分认识自己、接纳自己

人的许多烦恼、许多困扰，都跟对自己的认识和态度有关。苏格拉底把"认识自己"作为人生的座右铭，高校大学生肩负着现代化建设的重要使命，需要清醒认识自我。首先，要无条件接纳自己，包括自己的家庭、长相、性格、优势与缺点等，正确评价自己，客观分析自己的优点、缺点，不断扬长补短，不断创新自己，完善自我。其次，要学会如何与自我和平友善地相处，只有这样，我们的内心才会充满和谐和宁静。最后，我们可以通过心理游戏，如"给自我的一封信""良好认定""用第三人称讲述自己的人生故事"等方式塑造良好的自我觉知。

3. 积极的人际交往

对于正在学习、成长中的大学生来说，人际交往无疑是生活的基本内容之一，人际关系的适应已经成为心理健康的一个重要组成部分和重要标志。悉心培养和锻炼良好的人际交往能力，不仅是大学生现实生活的需要，更是将来适应社会需要、驾驭生命之舟的基石。大学期间如何进行积极的人际交往，建立良好的人际关系呢？

（1）重视良好第一印象的建立

第一印象即人际交往中的"首因效应"，素不相识之人的第一次见面就是第一印象，而第一印象往往会对一个人的整体评价起到决定性的作用。第一印象一旦形成，就不易改变，并会一直影响以后双方的交往过程。如何给别人留下良好的第一印象呢？卡耐基在《如何赢得朋友》中总结了六条给人留下良好印象的途径：真诚地对别人感兴趣；微笑；多提别人的名字；做一个耐心的倾听者，鼓励别人谈他们自己；谈别人感兴趣的话题；以真诚的方式让别人感到他自己很重要。

（2）主动是交友的重要姿态

很多时候，我们都在强调或者希望别人如何，而不是自己应该怎样。心理学家研究发现，在人际交往中，许多人都是被动地等待别人的接纳。别人是不会无缘无故地对我们感兴趣的，要想得到朋友，就必须主动地接纳别人。

（3）帮助别人更容易让人接纳

与人建立良好的关系，给人帮助是很重要的，这种帮助，不是简单地指金钱、物质上的帮助，更重要的是出于真心的感情上的交流、精神上的慰藉，以及对痛苦的分担、对困难的解决。我们都有这样的体会，在你生病的时候，同学陪你去医院，或者在你学习有困难的时候，有人帮你耐心地讲解，你对这个人的接纳程度将远远高于其他人。学会帮助人，将使你更容易与他人建立密切的联系。

（4）学会尊重他人

《论语》告诉我们，"敬而无失，与人恭而有礼，四海之内，皆兄弟也"，没有尊重的基石，牢固的人际关系就难以建立，四海之内的兄弟也难以寻觅。尊重朋友，就是尊重他的人格和意见，在两个人出现分歧的时候，能够静下心来认真反思自己的不足之处，考虑对方意见的可行性；尊重朋友，就是要明白再好的朋友也会有缺点，不要求全责备，应正确对待朋友的缺点，不要去讥笑、讽刺；尊重朋友就是多从朋友的角度考虑问题，尊重朋友的人格和选择。但是，尊重朋友并不是牺牲自己的一切去迁就对方，也不是对朋友的过错视而不见。

4．学会调节和控制情绪

在普通心理学里，情绪指的是人对客观事物的态度体验及相应的行为反应，它包括我们的主观体验、生理反应和外部表现。一个良好的、富有弹性的情绪系统将会让我们最终成为一个良好的、富有弹性的人。培养良好的情绪具有两个方向，一种是更多地维持良好的情绪状态，另一种是改变不太良好的情绪状态——这样的维持和改变其实是一种情绪的调节能力，或称为"情绪弹性"。如何调节和控制情绪，让自己的情绪调节能力更富有"弹性"呢？

（1）适度释放或宣泄情绪

情绪总是伴随着某些特定的冲动，太多的冲动被压抑当然会出问题，压抑的结果并不是让某种情绪消失了，而是更加集中地聚集在一处，或者更大范围地在内心世界扩散，最终会因为无法宣泄而导致整个心理系统的崩溃，轻则会导致各种身心失调的症状，比如肥胖、厌食、反复性的胃溃疡等，重则出现精神疾病。因此要尝试适度释放或宣泄情绪，"适度"宣泄，有一个底线，那就是"不伤害自己和他人"。

（2）明白每一种情绪对于自己的意义

情绪是特定的心理和生理状态的自我表达，比如愤怒，通常说它是一种负面情绪，但其实愤怒也有积极的意义，因为它可以让我们充满能量，应对挑战；忧愁，作为一种低沉的感觉，它的存在可以让我们回归自我，用一点时间与过去告别，如果忧伤得哭起来，说明你有良好的自然释放紧张和压力的能力，因为眼泪中的紧张激素是血液中的十倍。生活中的种种经历给我们机会去学习和明白每一种情绪对于自己的意义，当你能这样想的时候，许多负面情绪的影响就已经被降低了，这是我们培养良好情绪的开始，更是一种观念的更新。由此，可以赋予同一种情绪不同的解读，意义不一样，我们的感受很可能就由消极变得积极了。

（3）避免给情绪"上色"——道德色彩

虽然许多情绪是负面的，消极的，不好的，但是如果总是用各种具有强烈的道德色彩的词来形容情绪，有时候会让自己陷入另外一些危机之中，比如困惑或者是负罪感。其实这是完全不必要的，任何人都有权利去感受和表达任何的情绪。当我们感受到嫉妒的时候，并不是什么"错误的情绪"，那只意味着我们的身边出现了比自己在某些方面更为突出的人，而我们希望自己也能跟别人一样甚至超过别人，希望自己能变得更强，这是非常正常的。如若有人喜欢随便就给情绪"上色"，他一定会逐渐发现很多情绪都是为道德所不容的，最后他能做的事情就是不自觉地越来越压抑，过上一种没有情绪的生活，那是非常可怕的。

（4）需要以情绪与理智的和谐关系为基石

我们是具有高级智慧的灵长类动物，以思维和语言为代表的智力来自大脑的高级皮层功能，智力会影响我们情感表达的质量；同时，情绪产生于更为原始和基本的情感，理智是需要情绪的滋养。人类无法不带任何情感地学习，一个冷漠的人也无法从错误中吸取经验教训。情绪胜过理智，人将变得过于情绪化；理智胜过情绪，就会失去知觉；理智与情绪必须协调得很好，我们才有可能避免成为机器或者成为炸弹。

5. 主动构建完善的社会支持系统

有关心理健康的研究表明，拥有亲密关系者比没有亲密关系者更少有忧郁的问题。一个完善的社会支持系统包括亲人、朋友、同学、老师、社团成员、合作伙伴等，还包括各种社会服务机构。每个人都有局限性，没有一个人能独自解决所有麻烦，对于陷入困境的人来说，社会支持系统犹如雪中送炭，还给我们持久的温暖、安全以及重振生活的勇气、信心和力量，那些与我们分享生活甘苦的人，给我们增添了阳光。尽管摆脱困境、克服困难，自助是根本，但社会支持系统的他助绝非可有可无，某种意义上说，正是他助为自助提供了营养。

6. 积极寻求心理咨询

目前，所有高校都成立了大学生心理健康教育咨询中心，关注学生内在精神的成长与完善，提高助人和自助能力，维护广大学生的身心健康。这样的咨询中心其中一项非常重要的工作内容和任务就是给大学生免费提供专门的心理咨询，有专门的心理咨询室，并安排固定的咨询时间，由专兼职心理咨询师为广大学生提供专业的免费咨询服务，这样的心理咨询师均拥有国家心理咨询师职业资格或执业医师资格。因此，在校期间当我们感受到矛盾、冲突、疑惑、挫折与压力的时候，当自我调节效果不理想的时候，积极寻求必要的专业的心理咨询服务，能及时帮助我们免于更大的困扰或避免更严重心理问题的出现。

四、大学生日常事务管理

大学生日常事务管理是辅导员的基础工作，也是整个学生工作不可或缺的一部分。这里需要明确的一点是，辅导员虽然不能天天忙于事务性工作，但事务性工作没有做好，没有这个基础，谈前面的思想政治教育、成才发展教育、心理健康教育等就会缺少基础保障和有力后盾。大学生日常事务管理涉及大学生生活的方方面面，同时也始终贯穿着学生管理的方方面面，对学生的学习生活有着很大的影响。

（一）学生公寓管理

高等学校公寓是学生休闲、生活、学习及交流的重要场所，作为大学生求学期间度过一半乃至三分之二时光的空间，公寓的形态状况和变化对学生的成长和发展具有重要的影响。

1. 推进大学生思想工作进公寓

学生公寓作为大学生思想政治教育的重要阵地，需要丰富和创新宿舍文化建设的方式与方法，不断推进思想政治工作进公寓。比如借助公寓场所设立"党团服务中心"，用于党支部和团支部成员开展工作，使其成为学生乐意前往学习、交流，乃至休息的公共空间，有利于促进师生和生生之间的情感交流；此外，党团服务中心和宿舍内，设立"理论学习小组"，进行每周一次集体或局部的学习、讨论"青年大学习""时政新闻"等内容，养成自律学习习惯，营造学习国家时政大事的氛围。根据各年级、各寝室学习情况，设立"先进青年学习宿舍""党员宿舍""学霸宿舍""文明寝室"等荣誉称号。同时建立综合测评"思想分"加分机制，实现在思想上、行为上感染和吸引更多学生，使他们一起参与到学习小组中，全面提升大学生理论水平，武装日常学习、工作和生活实践，提升实践育人效果。

2. 开展宿舍评比活动

认真搞好星级宿舍和文明宿舍的评比活动。在巩固文明宿舍评比活动的同时，以星级宿舍的评选为手段，增强学生自我教育、自我管理、自我服务的能力，提高学生宿舍的管理水平。

3. 开展自律文化主题教育

作为高校软实力文化重要体现的公寓自律文化，对成长中的大学生有着直接或潜移默化的导向作用。以"自律"为主旋律的公寓软实力文化，能形成一种良好的育人环境和氛围，能够陶冶学生的情操，培养学生的兴趣、爱好，激励学生积极进取、勤奋求学，引导学生健康成长，使学生逐渐养成良好的道德品质和人格魅力。

（二）大学生班级管理

班集体是学生学习、交流的基本载体，也是学生寻求归属感的载体，是学校开展教育教学和管理活动的基本单位。班风建设如何，会影响一个班级的凝聚力以及学生对班级的认同感，因此，学生进入大学之初，辅导员须重视班级管理和建设，引导帮助学生营造关心集体、积极进取、团结互助、努力学习、善于合作、勇于创新的良好班风和学风。辅导员开展班级管理一定要注意一个问题，即班级管理是一个动态的过程，它是教师根据一定的目的要求，采用一定的手段措施，带领全班学生，对班级中的各种资源进行计划、组织、协调、控制，以实现教育目标的组织活动过程。

1. 班级管理的方法

（1）常规管理

常规管理是指通过制定和执行规章制度去管理班级的活动。规章制度是学生在学习、工作和生活中必须遵守的行为准则，它具有管理、控制和教育作用。

（2）民主管理

民主管理是指班级成员在服从班集体的正确决定和承担责任的前提下，参与班级管理的一种管理方式。实质上就是发挥每一个学生的主人翁意识，让每个学生都成为班级的主人。

（3）目标管理

目标管理是指班主任与学生共同确定班级总体目标，然后转化为小组目标和个人目标，使其与班级总体目标融为一体，形成目标体系，以此推进班级管理活动，实现班级目标的管理方法。

（4）平行管理

平行管理是指班主任既通过对集体的管理去间接影响个人，又通过对个人的直接管理去影响集体，从而把对集体和个人的管理结合起来的管理方式。

2. 班级管理存在的问题

（1）班级管理制度缺乏活力，民主管理的程度低

在班级中设置班干部，旨在培养学生的民主意识和民主作风，学会自治自理。然而很多学校班干部相对固定，使一些学生形成了"干部作风"，不能平等地对待同学，而多数学生却缺少机会。学生在社会环境及部分家长的影响下，往往把干部

看成是荣誉的象征，多数学生在班级管理中缺乏自主性。

（2）辅导员对班级管理的方式偏重专断

分数和排名是对学校和教师工作业绩的衡量指标，这导致了在班级管理时高度重视课堂教育和考试成绩，忽略了学生的内在需求。

辅导员应该采取有效的方式克服以上班级管理的困难与问题，提高班级管理的有效性，良好的班级管理具有十分重要的作用。首先，班级管理有助于实现教学目标，提高学习效率；其次，有助于维持班级秩序，形成良好的班风；最后，有助于锻炼学生能力，学会自治自理。

（三）安全指导与管理

安全稳定工作是压倒一切的工作，无论对于学生、家庭或是高校中的任何一方，一旦发生安全稳定事故，不仅使学生受到伤害，也会给学生家长和家庭造成难以抚平的伤痛，同时也是高校管理工作中非常棘手的问题。《左传》中说："居安思危，思则有备，有备无患。"辅导员作为学生安全教育管理的第一责任人，必须做到有备无患。在工作中根据实际和需要，对学生开展宪法法律意识、国家安全、网络安全、人身与财产安全、心理安全、消防安全、实验室安全、交通安全、食品安全、涉水安全、两性安全、金融安全、生态与环境安全、涉外交流安全、紧急自救、防灾减灾、毒品危害及其防范等方面的安全教育。

（四）资助、评奖评优等工作

资助和评奖评优等工作是涉及学生切身利益的事务性工作，也是学生较为关注的事情。辅导员在开展具体的奖、助、贷、补、减、免等工作中，需要坚持公正、公平、公开的原则，充分发挥其育人功能。同时，辅导员还需要做好学生文明行为规范、作息制度、请销假、违规违纪处理、学籍管理等各类信息档案库管理等工作。

第三节　高校辅导员工作艺术

鉴于辅导员工作的重要性，要求他们在工作实践中必须讲求艺术与技巧。使辅导员工作更具有艺术性，是所有教师努力的方向。为此，可以从以下几种教育方面入手。

一、谈心教育

辅导员工作中的谈心教育法是指辅导员以掌握学生思想动态、解决学生思想问题为目的而开展的与学生"一对一"或"一对多"交流的工作方法。通过谈心教育法，辅导员可以直接了解学生的思想状态，帮助学生认识问题、解决问题，树立正确的人生观和价值观。因此，谈心教育法是辅导员开展学生思想政治教育工作及处理日常事务的有效方法。

谈心教育法是开展思想政治工作的传统方法。开展谈心教育法，要把握几个特征：

第一，针对性。谈心教育法的针对性主要表现在三个方面：一是对象的针对性。谈心教育法是辅导员与学生"一对一"或"一对多"的教育方法，并以"面对面"的"一对一"的交流为主，实现了教育者与受教育者的单独沟通。二是问题的针对性。学生存在的问题有很多，诸如生活问题、学习问题、情感问题，辅导员的谈心教育工作通常是一次谈一个问题，有针对性地解决一个问题。三是解决问题的针对性。谈心教育法是依据学生特点开展工作的方法，辅导员在问题的解决上是针对学生个体"量身定做"，对不同的学生可采取不同的方法。

第二，灵活性。谈心教育法是辅导员根据学生的思想状况和心理状态而开展工作的方法，方式更为灵活多样，表现在：一是时间的灵活性。二是空间的灵活性。三是方式的灵活性。辅导员可以通过不同的方式与学生进行谈心，可以面谈，可以通过网络，也可以通过电话。总之，谈心教育法在时间、空间和方式上表现出特有的灵活性，这一特征为辅导员工作的开展，提供了实效性和便捷性。

第三，互动性。谈心教育是师生双向交流的过程，也是辅导员与学生情感互动的过程。新时期辅导员在面向大学生开展思想政治工作时要充分发挥主体性，充分实现师生互动。一是语言的互动。谈心是辅导员与学生交流的过程，不是某一方单向诉说，辅导员要针对学生的讲述适当予以回应。二是表情的互动。表情是非语言的技巧，在交谈中发挥着重要的作用，尤其是在进行面对面交谈时，表情的互动显得尤为重要。表情可以辅助辅导员对学生的观察，帮助辅导员把握学生的整体情况，同时，辅导员通过表情的传达增加对学生的关注，可以达到促进谈心的作用。三是情感的互动。谈心的过程是心与心的碰撞和交流，是谈话双方情感的直接交流和感受。在谈心的过程中，辅导员通过对学生情感的体会，达到师生间的共鸣。互动性可以为辅导员和学生提供一个和谐、轻松的交谈环境，有利于问题的解决和双方达成共识。

谈心教育法是一门学问，更是一项艺术，它要求辅导员不仅要有较高的思想修养和道德水准，还要有广博的学识，掌握教育学、心理学等综合知识。在新的形势下，辅导员还要灵活地运用谈心的技巧，学会艺术的创新，只有这样，才能达到更好的效果。

一是时机、场所选择。时机和场所的选择对谈心教育法所取得的效果有着直接的影响。辅导员应该善于掌握对谈心对象即学生进行谈心教育的最佳时间，或给学生雪中送炭，或给学生扬帆助力，或把问题解决在萌芽状态。这种在特定时间下的谈心，是取得良好教育效应的重要条件。一般来说，谈心教育时机选择需注意以下几点：①问题萌芽时。当大学生的某个问题或倾向刚露出苗头时，辅导员就应敏锐地抓住这种苗头，及时与其谈心，进行疏导，把问题解决在萌芽状态。②大学生在取得成绩或受到挫折时。当取得成绩、受到表扬时，有的大学生会产生骄傲的情绪，以致停滞不前甚至倒退。此时，辅导员应及时与之谈心，对其加以引导，鼓励其继续向更高的目标前进。当大学生遇到生活、学习以及人际关系上的挫折时，往往情绪低落、精神萎靡，有的甚至失去控制，走向歧途。辅导员应及时抓住时机，细心开导和感化他们，引导其迅速从苦闷中摆脱出来，鼓起前进的勇气。③发生意外事故时。有些事故如灾害、车祸、重病等，是我们难以预料的，一旦发生，必然会引起大学生心理和生活上的痛苦。此时，如果辅导员及时与大学生谈心并及时给予帮助，就如雪中送炭，会使大学生感到温暖，从而产生良好的教育。

二是心理换位。心理换位是一种心理活动过程，即人与人之间在心理上互换位置，在人际交往中遇到困难时，设身处地从对方所处的位置、角色、情景去思考，去理解，去处理，深刻体察他人潜在的行为动因，而不以自己的心态简单地看问题及对待他人。这是人们进行情绪自我调节的一种良好方法。心理换位的方法有：①角色扮演法，角色固定是心理换位的最大障碍，角色扮演法就是在心理上扮演对方的角色，站在对方的立场去认识问题，体验原来体验不到的某种切身感受。②双向对话法，即在心理上同时扮演交谈双方不同角色，进行双向对话。一旦进入双向对话的思路，就会发现对问题有了另外一个角度认识，处理起来也比较顺手。③迁移感受法，就是将自身的生活经历的某些感受，迁移到对方的类似情境当中，从而引起共鸣。以上三种心理换位法，在辅导员与学生谈心过程当中都会被运用，但最常用的是角色扮演法，即辅导员处在谈心对象的角度去思考问题，找出矛盾，从而形成新的认识和体验，并解决问题。

三是倾听。在进行谈心教育时，积极地倾听是辅导员正确理解学生传递的信息的重要保证，这不仅是一门学问，更是一门艺术，是辅导员走进并了解学生内心世界的前提条件，因而辅导员应该学会积极倾听。听得到，不代表听得懂。在卡耐基训练的框架中，听的层次由低到高有五层，分别是：①全漠视。这是自以为是，对他人不屑一顾地听。②假装在听。听者假装在听，虽说耳朵在听，却没有打开心扉，所以对别人的谈话是左耳进，右耳出。③选择性地听。处于这一层次的人，存在先入为主的观念，根据过去成功的经验，认为自己足以判断何者可听，何者不可听，只听自己想听的部分，对于认可的对象或话题，才会认真对待。④积极地听。在对方讲话的时候，注意对方的眼神和表情，专注地倾听，并且能够抛开成见，站在对方立场想问题。倾听者不但可以听到事实，还可以了解对方的心理。⑤专业咨询地听。这一层次的听是需要经过专业训练才能达到的。

积极倾听能够使学生敞开心扉，充分地表达出自己的想法和思想，倾听是尊重，是对学生人格的尊重，是对其思想的尊重。倾听是理解，是思想政治教育，是与学生心灵交流。语言学家给倾听细分了要素，包括专注集中、知晓确认、做出反应和情感内涵。可见，辅导员在倾听过程当中，付出耐心、爱心、责任心，只有对学生付出关怀和理解，才能成功地倾听，从而促进谈心教育工作的开展。

二、主题教育

主题教育法是指把具有一定特征的某种基本思想作为核心内容，并在活动中使其充分体现的一系列思想政治教育方法。主题教育法把我们思想政治教育工作的传统方式广泛应用到各种教育活动中。

主题教育法作为一种教育方法，具有一定的原则性和规范性。同时，主题教育法又是一门艺术，具有生动性和复杂性。因为它的教育对象是具有个性的学生，是一项复杂的系统工程。所以辅导员在实际工作中，需要注意"运用艺术手段，贯穿美育因素"。艺术重视细节，重视个性，强调感性经验和形象思维。主题教育的艺术也应在细节上体现，重视特殊性，强调敏锐的感觉和形象思维。因此，辅导员作为学校和学生的沟通的"桥梁"与"纽带"，在开展主题教育工作时一定要讲求艺术，做到激发动力、以情感人，为人师表、以德服人，科学管理、以理服人。

所谓主题教育法的运用艺术，是指辅导员在一定的理论知识的基础上，结合实践经验，在教育过程中所表现出来的灵活、富有成效的技能和技巧。这种艺术是在实践中产生的，是方式、方法的提升，是主题教育方法和原则在辅导员实际工作中最巧妙的体现。在辅导员工作中，主题教育法可以运用到许多日常思想政治教育活动当中。主题教育法也需要辅导员按照一定的规范进行组织实施，也可以说其有着一定的模型或范式可供参考。但是，主题教育法并非一成不变，主题教育法的实施还需要辅导员根据自身所在班级学生的特点，进行具体的探索、思考。针对辅导员工作中常见的一些日常主题教育，如安全教育、大学生理想信念教育、感恩教育，进行一些解析。

三、榜样教育

榜样教育法是一种历史悠久并被人们普遍使用的思想教育和道德教育的方法。近年来，我国关于榜样教育法的研究逐渐增多，榜样教育法是通过正面典型人物的品德和行为去影响受教育者的一种方法。在辅导员工作中，榜样教育法也是一种被普遍运用的教育方法，贯穿于整个学生思想政治教育的过程之中，"它将抽象的说理变成通过活生生的典型人物或事件来进行教育，从而激起人们的思想情感共鸣，引导人们学习、对照和效仿，它具有形象、生动的特点，较说理教育更富有感染性和可接受性"。榜样教育法符合大学生的年龄特征和内在需求。大学生可塑性强，模仿性比青少年更强，有了生动、具体的形象作为榜样，则更容易具体地领会道德标准和行为规范，容易受到感染，容易跟着学，跟着走，从而有助于他们养成良好的道德品质和行为习惯。

第二章 高校辅导员工作的基本原则

在实际工作中，根据辅导员工作的目标和任务，在把握大学生思想活动发展规律和特点的基础上，为了使辅导员工作更加科学化、系统化，辅导员工作必须以基本原则为指导。

第一节　以人为本原则和实事求是原则

在高校的辅导员工作中，要考虑到学生的情况，以学生为本，以学生为中心，学会实事求是地考虑问题，帮助学生更好地完成学习任务。

一、以人为本原则

（一）以人为本原则的基本内涵

"以人为本"不仅是一种价值追求，同时也是一种思维方式，以人为本思想在现代社会的科学发展进程中发挥着重要的指导作用。中国的历史文化源远流长且具有丰厚底蕴，最初的"以人为本"思想是以人文精神的方式出现的，并以占据我国传统文化主导地位的孔子思想为代表。孟子也表述了"民为贵，社稷次之，君为轻"等观点。以民为本形成了较为稳固、系统的思想体系，并在我国历史的发展过程中产生了深远的影响。以进步的眼光来看，"以民为本"思想蕴含着丰富的文化内涵，关注了民众的社会地位及价值，对促进社会的发展具有积极的意义。

真正意义的"以人为本"思想是在对马克思主义思想做出延伸的基础上发展而来的，可以说这种思想是对传统以民为本思想的突破和超越。马克思主义是我国社会主义建设工作中重要的指导思想之一，虽然马克思的著作中并没有直接涉及"以人为本"这个概念，但是马克思与恩格斯却对人的发展做出了深入研究，这对我们理解并实施"以人为本"思想具有重要的理论指导意义。

"以人为本"具有三个层次的含义：第一，以人为本是一种价值取向，它强调了要尊重人、依靠人、解放人、为了人及塑造人；第二，以人为本明确了人是社会发展的主体，它强调了人在社会发展中的主体地位和主体作用；第三，以人为本是一种思维方式，它要求我们在面对一切现实问题时，要坚持运用历史的尺度和人的尺度来思考、分析并解决问题，同时要关注人类所生活的世界，要关怀人的生存与发展，要注重人的共性与个性，树立起人的自主意识并承担责任。人是社会生活的创造者，因此没有一个社会生活的领域、社会生活的层次是不可以运用以人为本原则的。所以，以人为本原则是建构在以人为本思想认识和指导基础之上的，只有形成对以人为本思想正确的认识，才能指导我们更深刻地认识以人为本原则，并将之应用到工作实践当中。从哲学理论的角度来看，以人为本应渗透到整个人类社会的活动当中，这不仅是现代教育发展的必然要求，也是高校辅导员在开展工作中需要遵循的基本原则之一。在高校辅导员工作的过程中，辅导员要正确认识以人为本思想，并在此基础上树立以人为本的教育理念，从而有效推动自身工作成效的提升。

（二）坚持以人为本原则的必要性

随着现代科技的发展与进步，中国特色社会主义建设步入了新的阶段。与此同时，改革开放的深化使得中国与国际的合作日益增强，中国经济融入了全球一体化经济体系当中，这在很大程度上推动着中国市场经济的发展。在此背景下，中国人民的生活水平逐渐提高，人们的生活方式和生活环境发生了很大的变化。同时多元文化共同构成的文化生态体系在中国逐步形成，人们的思想也因此受到了一定程度的影响。社会的变化对人们的思想观念和道德品质提出了新的考验以及更高的要求。目前，大学生的身心正处于发展阶段，成熟的思想观念尚未形成，这决定了大学生群体极易受到外部环境的影响。学生在思想发展的道路上急需得到正确的指导和有效帮助，同时也体现出了高校思政教育的重要性。当前阶段，高校辅导员的工作任务就是帮助大学生解决生活上的实际问题，其工作的对象是学生。然而在辅导员工作当中，部分辅导员的工作理念与工作方法存在强制性、理想化、说教式的倾向，缺少对学生实际思想和实际生活问题的关注，对学生的帮助也局限在浅层次上，这些问题导致辅导员工作实效性不高。由此可见，这种工作方式缺少对学生根本需求的思考，不能将大学生内在的思想学习兴趣和动力很好激发出来，因此，学生所表现出的思想道德践行能力并不高。为了充分调动学生的学习积极性，促使学生得到更好的发展，成为社会主义合格的接班人，辅导员必须强化自身服务意识，一切工作围绕满足时代发展和学生发展这个中心来开展，更新自己的工作理念和方法，切实做到关心学生、关注学生、发展学生，即在坚持以人为本原则的指导下开展相关工作。由此可见，坚持以人为本原则是时代发展与学生发展对辅导员工作提出的必然要求。另外，高校辅导员工作的主体和客体是社会中现实的人，其出发点和归宿点也是人。在辅导员日常的工作中，从人的角度出发，坚持以人为本，找准工作的落脚点，才能使辅导员对自身的工作产生认同感，并主动参与到工作实践当中，继而提高工作实效。高校辅导员工作应立足于学生的发展，关注学生，重视学生。同时也可以看出现代教育强调素质教育，弘扬了以人为本的基本精神。高校辅导员要切实尊重现代教育发展这一客观事实，坚持以人为本这一基本准则，从而适应现代教育发展的需求。

(三) 以人为本原则对辅导员工作提出的要求

1. 强调以学生为本

在社会主义建设的进程中，始终坚持以人为本、执政为民的基本理念，体现出了以人民为中心的治国方针。高校育人工作中，我们应该坚持以人为本的原则，这是社会发展的需要，也是现代教育建设的必然需求。高校辅导员工作，更要坚持以人为本的原则，切实从学生的角度出发，做到发展学生、关心学生、理解学生，从而促进学生的全面发展。以人为本思想指导构建的现代教育体系确立了学生教育的主体地位以及教师的教育主导地位。从高校辅导员工作的状况来看，部分教师受传统思想的束缚，对学生教育主体地位的认识还存在一定的不足，即要求学生在某种既定的任务目标范围内活动，具有一定的约束性。部分高校辅导教师过分强调了学生与社会、集体的适应关系，凸显了教育工作者个人意志的实现，而学生仅仅是作为一名教育对象出现。这种状态下的高校辅导员工作只是机械化的育人工作，忽视了对学生正当权益的维护，失去了教育应有的服务功能，违背了现代教育以人为本的思想。以人为本原则在高校辅导员工作中的渗透，要求以学生为服务对象，强化辅导员自身的教育服务意识，即我们所说的以学生为本的教育理念。高校辅导员以学生为本，既要服务于学生时下发展的需要，又要服务于学生长期发展的需要；既要服务于学生本人，又要服务于学生所处的学习生活环境；既要服务于学生本身的要求，又要服务于现实社会对学生的要求。教育的服务功能是客观存在的，从学生的视角出发以学生为本，才能将教育对学生发展的促进作用发挥出来，这是高校辅导员工作适应现代教育改革的重要表现。

高校辅导员工作最重要的任务之一就是对学生进行管理，保证他们学习活动的正常进行。在教育部颁布的《普通高校学生管理规定》中，以人为本被列为学生管理的第一要则，这表明了我国教育主管部门对以人为本的重视。坚持以人为本是社会发展的必然结果，是现代素质教育的基本要求。高校辅导员对学生进行管理的目的是让学生更好地学习理论知识，引导他们树立正确的人生观、价值观、择业观等思想意识观念，继而指导学生产生正确的行为，保证学生健康成长。以人为本的学生管理，要求辅导员挣脱传统思想观念和思维方式的束缚，在合理合法的范围内对学生进行管理，强化自身的责任意识，多方位提升自身教育服务水平。具体而言，高校辅导员在开展工作的过程中，首先要树立以人为本的管理教育思想。高校一切教育相关活动都是围绕人才培养这个目标进行的，学生各阶段的任务就是学习。无论是高校教育还是学生学习，他们的最终归宿都是促进学生的发展。在高校辅导员日常工作的过程中，要把控好对学生的引导作用，及时帮助他们解决成长中遇到的问题，辅导他们形成正确的思想意识观念和行为，以促使他们在发展的道路上走得更加长远。高校辅导员从学生管理的起始阶段，就要树立全心全意为学生服务的教育观念，将以人为本、以学生为本的教育理念贯穿在日常工作当中。其次，辅导员要提升自身服务能力。高校教育工作者是大学生成长的指路人，是学生成人成才的伴随者，其工作的有效开展对学生的发展具有重要的促进作用。在工作中要真正实现以学生为本，需要辅导员提升自身的职业素养，只有达到一定层次时，才能为学生提供优质的服务。所以，高校辅导员要树立自身全面、正确的世界观、人生观、价值观等思想意识观念体系以及一定的理论知识体系，通过不断的学习、参加培训等活动，及时更新自己的思想观念和工作方法，切实提升自己的业务素质。在日常教学相关工作开展过程中，要坚持自己的职业操守，坚决抵制不良诱惑，时刻将学生的利益放在首位，真正做到为人师表。另外，在工作中要做到公平、公正，维护每一位学生的平等地位，摒除一切不良因素的影响，放下姿态，用自己最真实的情感真诚对待每一位学生，与学生建立和谐的关系。

2. 体现对学生的人文关怀

从哲学的层次上来看，高校辅导员对学生进行人文关怀是在工作中贯彻以人为本原则的要求和体现。人文关怀是以人为本思想在教育上的延续，也是以人为本思想的出发点。这就要求辅导员在工作实践中要理解学生、尊重学生，肯定学生作为现实人的固有价值，关怀学生的精神生活。

辅导员工作中对学生的人文关怀的贯彻，需要辅导员尊重学生的教育主体地位，全面关注并了解学生各成长阶段个性的需求，着力于学生的全面和谐发展，让学生充分感受到来自辅导员、高校乃至社会的关怀，为学生营造良好的人文成长环境，继而促使他们更好地实现自己的人生价值、职业价值。在辅导员贯彻以人为本原则的工作中，要注重从学生的角度出发，考虑他们的主观感受，采用科学、合理的工作方式，努力探索、创新现有的工作方法，一切以促进学生发展为中心，做到尊重学生、关心学生、关爱学生，从而满足当代大学生的全面发展需求。对大学生实行人性化管理，在人文精神的关照下，让学生感受到来自辅导员、高校乃至社会的关怀。另外，辅导员需要以平等的态度对待每一位学生，尊重学生的人格尊严。譬如，当学生在日常生活、学习中出现错误时，不要急于批评学生，更不可用伤及尊严的话语刺激学生，亦不可用简单粗暴的方式，强制要求他们纠正自己的错误。辅导员的服务功能就是辅导学生，需要引导学生客观地认识到自己的错误，引导学生明晰错误所在，帮助学生分析导致这种问题出现的原因，启发学生正确做好这件事，讲求循循善诱，做到动之以情、晓之以理，让学生心悦诚服，继而欣然接受辅导员的批评和教育。这样会增强辅导员工作的效果，提高工作效率，最终实现人才培养的目标。

以人为本原则指导下的高校辅导员工作需要将以人为本的思想渗透始终，体现出现代社会主义人文关怀的时代精神。从教育层次上来看，辅导员要对大学生做到人文关怀，需要辅导员为学生的学习营造一种轻松、愉悦、和谐、亲切的氛围，尽最大可能消除师生之间身份差别给学生带来的心理压力，从而与学生建立平等、和谐的关系。在这种环境下成长的学生，对教育的参与度更高，对学习的兴趣更加强烈，这有助于推动高校辅导员工作的顺利开展。反之，不仅对辅导员工作的实效没有任何帮助，甚至可能会阻碍相关工作的顺利开展，增加辅导员工作的难度。另外，高校辅导员在高扬人文关怀精神的同时，还需要时刻关注学生的实际，包括思想实际与生活实际，帮助他们解决所遇到的问题，着眼于未来，促进他们的长期发展。另外，高校辅导员在工作中践行人文关怀，还需要辅导员引导学生实现由物质欲到精神境界的升华，跳出物质欲的泥沼，向更高的精神层次迸发，从而推动大学生在自己人生的道路上迸发出更多的光彩。辅导员要对学生做到人文关怀，从管理层次上来讲，需要辅导员遵循学生的思想活动规律，客观地承认他们已经养成的个性化人格品质和心理特征，在尊重这一客观事实的基础上，提升自身的职业素养，采用有效的教育方式，引导大学生通过自己的努力提升自己的人格品质和思想品质。同时，辅导员有必要对学生进行心理辅导，及时引导他们解决日常学习、生活中的心理问题，提高他们的心理调节能力，以促使他们始终以良好的心态应对每一天、每一刻的挑战。

3. 他人教育和自我教育相统一

教育是由他人教育和自我教育构成的统一体，就是要求辅导员教育与学生教育结合起来，继而实现学生发展的教育目标。他人教育和自我教育都是针对学生而言的，在这个统一的教育体系中，高校辅导员对学生的辅导教育是他人的外部教育，即他人教育。而学生自主的教育是自我内部教育，即自我教育。在高校辅导员工作中，辅导员占据着绝对的主导地位，辅导员工作的开展对学生的教育作用是显而易见。高校学生教育目标的实现与教学计划、教学教材、校园校规以及教师教导等紧密联系在一起。他人教育强调了辅导员的引导功能，因此，辅导员在大学生成长中的辅导作用应充分发挥出来；学生是高校辅导员工作的对象，学生的发展是高校教育的最终归宿，因此，高校应该从学生主体性及创造性出发，在高校辅导员工作过程中加强对学生自我教育能力的培养，转变传统的教育管理理念，充分发挥学生的主观能动性，让学生在一定的范围内自由发展，从而提高大学生自我教育的能力，这对大学生的长期发展具有重要的现实意义。受教育的人必须成为教育他自己的人，别人的教育必须成为这个人自己的教育。由此可见，他人教育服务于自我教育，只有将他人教育中获取的帮助和辅导内化在自己的需要当中，才能真正发挥他人教育的作用，否则他人教育毫无意义。

以人为本原则指导下的高校辅导员工作，应当重视学生的自我教育，注重发挥辅导员的引导作用，只有将自我教育和他人教育统一，才能保证高校辅导员工作实效提升。从本质上来讲，大学生思想意识的形成都是教师教育过程中自我意识分化与统一的结果。在高校辅导员工作的过程中，学生的统一自我的意识分化为理想和现实两个自我，学生通过理想自我去分析、评价并统一现实的自我，从而促使现实自我不断向理想自我趋近，进而实现现实自我的完善和成长。因此，脱离于自我意识分化和统一的自我教育是完全无效的。要想提高高校辅导员工作的实效，将以人为本落到实处，就需要辅导员为学生创造自我意识分化和统一的有利条件，引导学生进行自我教育，切实将他人教育和自我教育统一起来。学生多以群体的方式生活、学习，相互间的影响作用是不可估量的，加强学生的自我教育，对形成良好的教育风气具有积极的作用，同时也是实现高校辅导员工作目标的必备条件。所以，以人为本思想倡导下的高校辅导员工作应以提高学生自我教育的能力为重点，引导学生进行自我教育，让他们成为教育自己的主体，学会自我反省和总结并借此提升自己。他人教育和自我教育的统一是建立在学生实际需求基础之上的，帮助学生正确认识自己，确定自己发展各阶段的需求是教育的关键环节。

4. 解决思想问题与解决实际问题相结合

理论指导实践，实践完善理论。理论是基础或依据，实践是结果，只有将理论和实践辩证统一在一起，才能提高辅导员工作的实效，更好地实现教育相关工作开展的价值。这在高校辅导工作中体现为，辅导员只有引导学生形成正确的思想认识，帮助学生用自己的行动来改变客观世界，才能促使他们更好地发展和完善自己，并达到教育工作的目标。在学生的日常学习、生活中，总会遇到各种各样的困难或问题，有些问题或困难是可以通过自己的努力解决的，但是有些问题或困难需要在他人的帮助下才能得以解决。

　　在此过程中，为了避免学生受到错误思想的侵袭和干扰，帮助他们最快、最有效地解决这些问题或困难，对学生进行思想教育和辅导是非常有必要的。

　　高校辅导员工作贯彻实施以人为本原则，就是要传播正确、先进的思想和理论，培养学生正确的思维方式，指导学生的社会实践行为，继而促进个人的发展和社会的进步。高校辅导员工作，要解决学生的思想问题，需要建立在一定的物质条件基础之上。从历史的角度来看，人类社会发展各阶段所生成的思想、理论和观点是不同的，我们不能从人类自身寻找到造成这种不同的原因，也不能用社会发展时期物质生活的不同来解释，由此我们可以将人类思想发展的原因归结为社会物质生活的变化。高校学生的思想问题不是凭空出现的，而是由学生所遇到的实际问题引发的。在高校辅导员教育工作开展过程中，应该将辅导员工作融入思想政治教育体系，并与学生的学习、生活紧密联系在一起，在辅导学生解决思想问题的同时帮助学生解决实际问题，培养学生对辅导员工作的认可程度与满意度。片面强调思想问题的解决，缺乏对学生解决实际问题的指导，无异于"纸上谈兵"，势必会造成学生一定的反感；片面强调解决实际问题，忽视了对学生思想上的教育和引导，可能对学生思想问题的解决没有任何帮助，解决的也只是问题本身，不利于学生问题自我解决能力的提升。由此可见，无论片面地强调哪一点，都会影响学生的全面发展。因此，高校辅导员工作的开展应立足于学生客观实际，将解决思想问题与解决实际问题结合起来，切实帮助学生解决学习、生活中遇到的实际问题或困难，让他们在社会与经济发展中得到更多的实惠，从而促进自身的发展。这样，贯彻以人为本原则要求的高校辅导员工作才能增强教育的说服力和效果。

二、实事求是原则

（一）实事求是原则的基本内涵

　　随着社会主义建设的不断深入，人们对实事求是的认识和理解进一步得到扩展，并上升到了另外一个层次。中国化的马克思主义强调科学发展，坚持贯彻实事求是的基本路线，使得中国特色社会主义发展步入了新的层次。实事求是思想不再单纯是一种思维方式，也不仅仅是一种方法论原则，而是作为科学的世界观和发展观出现的。实事求是是一种科学的世界观、发展观，因此我们必须将这种思想运用到工作当中，继而指导我们改造客观世界。我们可以将实事求是拆分开来理解，所谓的"实事"就是指客观存在的事物，是客观事物的矛盾性；"是"则是指矛盾作用过程中所蕴含的规律；"求"是指从客观事物矛盾作用过程中探寻事物变化发展的规律，以此为指导改造客观世界的实践活动。在我们所生活的这个客观世界中，任何事物存在的方式都是个别的，具体的，规律反映了这些个别事物内在本质的共性和一般性。从本质上来看，实事求是反映了从个别到一般再从一般应用于实践的客体的逻辑规律；实事求是作为一种科学的世界观，是马克思主义的精髓。实事求是讲求的是一切从实际出发，要注重理论与实践相结合，在不断的实践中验证、完善理论，研究作为实践对象的客观事物的同时，还要研究实践活动本身。我们在对实践对象和实践活动进行研究时，要注意从这两个方面入手，寻找出其内在的规律。实践活动的进行依托于实事求是的思想路线，只有在正确认识到实践对象和实践活动本身客观规律的基础上，我们才可以确保实践的有效性。总之，实事求是无论是作为一种科学的世界观、发展观，还是作为方法论原则都离不开实践。新的社会发展时期，实事求是所蕴含的内涵得到了丰富和扩展。综合来讲，当前社会背景下坚持实事求是思想要做到四个结合，即实事求是要与解放思想相结合、实事求是要与与时俱进相结合，实事求是要与以人为本相结合，实事求是要与方法论意义与世界观价值相结合。

在深化对实事求是思想认识的基础上，我们对实事求是思想衍生的实事求是原则有一个更加深刻的理解，这将有助于我们更好地将实事求是原则贯彻到实践工作当中。实事求是作为基本指导思想路线中的组成部分，对中国特色社会主义建设的指导作用是有目共睹的。高校作为人才培养的基地，作为社会主义思想建设的阵地，更应该坚决将实事求是原则贯彻到一切教育相关工作中。实事求是原则指导下的高校辅导员工作，应对马克思主义世界观形成正确的认识，依照客观规律办事，有针对性地开展相关工作。只有在这样的条件下，学生的主观能动性才能得到充分发挥，高校辅导员工作的实效才能提高。在中国特色社会主义发展的背景下，国家建设工作的重点逐步转移到经济上来。新的时期，高校教育所承担的任务发生了一定变化，由此带来的是高校辅导员的工作特点也发生了相应的变化，坚持实事求是原则在高校辅导员工作当中显现得尤为重要，只有切实将理论与实际结合在一起，才能更好地满足社会发展变化的需求。

(二) 坚持实事求是原则的必要性

高校作为人才培养的基地，是社会主义建设的重要部分。高校教育工作中坚持实事求具有重要的战略意义，辅导员工作是高校教育工作的一部分，对学生思想的正确培养和行为的规范产生具有重要的作用，因此，高校辅导员工作坚持实事求是原则也是十分有必要的。

在经济全球化的时代背景下，不同的思想文化在交融和冲突下得以共存。高校辅导员需要守护好高校社会主义意识形态这一阵地，以实事求是的态度去对待自己的本职工作。从学生的思想实际出发，尽量避免他们受到不良思想文化的侵袭，及时、积极帮助他们解决思想实际问题，从而确保学生的健康发展，捍卫大学生的精神家园。

总之，在中国特色社会主义建设的进程中，高校思想政治教育是重要环节，解决学生的思想问题是重点，辅导员工作必不可少。为更好地适应我国社会主义建设需求，引导学生树立正确的思想观念，辅导员工作需要在坚持我党思想路线的基础上开展，坚持实事求是，为社会主义建设培养合格的接班人。高校的根本任务是培养社会主义现代化建设的合格建设者和可靠接班人，高校德育在完成这一根本任务中负有重要的历史使命。

在文化多元化背景下，正处于青春期的大学生尚未形成成熟的心智，社会经验匮乏，对各种思想认知能力和判断能力还不强，思想和生活中常常会出现这样或那样的问题，这就需要辅导员实事求是地看待这些问题，理性地分析这些问题产生的原因，帮助学生走出思想的误区，及时纠正错误，引导学生解决思想上以及生活中所遇到的实际问题，引导他们树立正确的思想观念，继而使大学生产生正确的社会实践行为。

高校辅导员工作坚持实事求是原则确保了工作的有效性，是帮助大学生解决思想和生活实际问题的有效手段，也是完成高校教育与管理工作任务的必然要求。只有讲求实事求是的工作，才是有效的，才是被学生所认可和接受的，否则工作的意义将不复存在，也没有继续下去的必要。所以，辅导员在工作中必须坚持实事求是原则。

(三) 实施实事求是原则的要求

1. 顺应社会发展新形势

人的本质是劳动，是一切社会关系的总和，且会以各种不同的属性表现出来。人是现实的人，是具体的人，是社会的人。辅导员和学生同样是现实社会中的人，他们始终脱离不开历史的发展。实事求是原则要求一切工作要从实际出发，高校辅导员只有将自身和学生放置到现实社会中进行考察，才能对自己和学生有一个全面而清晰的了解，继而以此为依据采取有效的工作方式、方法，并应用到工作实践当中去，只有这样，高校辅导员才能使自身的工作更好地满足现代教育需求，适应社会发展。马克思主义认为，人是主体，相对于自然界的其他生物而言，人是万事、万物的主宰，人在有意识、有目的的活动中能发挥主观能动性和创造性。以人为本倡导下的现代教育，强调了教师的教育主导地位。这在高校辅导员工作中的体现就是，辅导员是该工作体系的主导，是教育实施的主体。

自改革开放以来，我国与国际的合作越来越紧密，相互间的交流逐步加强，多元的文化生态格局在我国逐渐形成，社会发展迎来了新的形势，这对大学生的成长产生了深远的影响，有利也有弊。多元文化生态格局的形成丰富了大学生的文化生活，这是利。多文化生态格局的形成使得大学生面临的文化呈现出多元化的特征，并使大学生容易受到不良文化的影响，产生错误的思想，这是弊。如何做好大学生的思想工作成了高校辅导员工作需要研究的重点。

在现代社会发展的过程中，人们的思想发生了明显的变化，传统的思想意识观念逐步消退，新的思想观念意识不断衍生而来。在这种文化背景下成长的大学生所具有的思想特点也出现了很多变化。这些变化多种多样，通过对大学生群体内在共性的分析，我们可以将这些变化归结为两个方面：一方面，学生本身发生了一定的变化。相对于以前，当代大学生所表现出的思维更为活跃，活动的方式也极具特色，他们考虑的问题以及自身发展的需求有所不同。另一方面，学生的要求发生了变化。对于现代高校而言，需要培养出面向世界、面向现代化、面向未来的社会主义建设合格人才。为更好地顺应社会发展新形势，满足社会发展对辅导员工作提出的新要求，高校辅导员应在日常工作中加强自身建设，在改造客观世界的同时注重改造自己的主观世界，通过不断的学习，构建完善的理论知识体系，提高自身认知世界、改造世界的能力，并从各个层面上提升自己所具备的职业素养和职业能力。在保证自己各方面素质与时俱进的基础上，高校辅导员还应当通过不断学习来提高自己的职业素质和职业技能，使自己具备更高的认识世界、改造世界的能力，充分发挥自己在高校教育中应有的主导作用。另外，在辅导员工作的开展中，应发现与承认当代大学生思想与行为的变化，从满足学生实际需求的角度出发，引导学生形成正确的思想观念和行为，从而促进学生的发展。

2. 明确对象，贯彻始终

实事求是原则要求高校辅导员在研究工作实践对象的同时不断对实践活动本身做探索。对于高校辅导员而言，他们所面临的工作实际，除却客观物质世界实际之外，还应包括大学生的思想实际。要将实事求是原则真正地渗透到工作中去，需要辅导员从实际的角度出发，在客观与主观统一的基础上，深入研究大学生的思想观念，寻找出大学生思想所蕴含的规律，把握住大学生思想脉络，从而在本质上分析大学生各种思想产生的原因，继而采取相应的教育方式，有针对性、有目标性地对大学生进行引导和教育，从而引导大学生树立正确的思想观念，完成既定的教育工作目标。在此过程中，对大学生的思想活动规律做出正确的认知是关键。

中国当代大学生仍旧处于青春期，他们的身心还处于发展阶段，其成熟的世界观、人生观、价值观尚未形成，且具有很大的可塑空间，这就为高校思想政治教育提供了更多可能性。大学生的生理成长发育表现为：身体急速发育，大脑及神经方面的发展迅速，性表征也日渐成熟。伴随着生理的成长，大学生的心理也出现了一定的变化。他们各方面表现出的能力也有所提高，如观察能力、分析能力、思维能力、记忆能力、学习能力及想象能力等；他们的精力充沛，对知识的渴望更加强烈，也希望通过学习来提升、发展自己；他们的情感更加丰富，有冲动、感性、热情、低迷等；他们的自我意识观念不断深化，自强、自傲、自信、自卑等表现不一。除此之外，青年阶段的大学生思想认知方面正处于正误、知与不知、积极与消极因素涌现和交错发展时期。青年阶段大学生所表现出的这些生理、心理以及思想认知方面的发展规律和特点是高校辅导员需要研究的重点内容之一。虽然我国高校的大学生的思想活动规律和特点与所有青年所表现出的大致相同，但是他们又独具特色。可以说，大学生是一个拥有着较高知识文化水平的青年群体。从发展的角度来看这个特殊的青年群体，处于不同高校教育阶段的他们对思想的要求也有所不同。处于高校教育初期阶段的大学生还在慢慢适应中学到高校之间环境的变化，对于他们而言，新的校园生活才刚刚开始，他们关注更多的是大学生活的不同之处。处于高校教育中期阶段的大学生，思想发展较为稳定且逐渐迈向成熟，他们将更多的精力投注到学习上面，用知识武装自己，以求塑造更加完美的自己，同时，这一时期也是大学生全面发展的时期。处于高校教育阶段后期的大学生，他们将关注的目标定格在择业上，期望在毕业之后可以找到一份满意的工作，这也是他们完成高校到社会角色转变的重要时期。高校教育各阶段学生所表现出的思想活动变化，要求我们切实分析其所蕴含的规律，并以此为依据有针对性、有规律地开展相关教育工作。只有准确、充分掌握这些规律，才能帮助辅导员顺利地开展相关工作，也才能更好地贯彻实事求是的原则，进而实现高校教育与管理预定的目标。另外，实事求是原则作为一项基本原则应该在高校辅导员工作中贯彻始终。在高校辅导员工作中，要注意实事求是地对学生做出评价，从而对学生形成客观的认识，继而指导下个阶段工作的开展。高校辅导员工作是一个不断循环的过程，只有确保每一个教学环节的实事求是，才能保证教育工作的顺利开展。

3. 注重理论联系实际

"一切从实际出发，理论联系实践，实事求是，在实践中检验真理和发展真理"的思想路线，是中国在长期的实践探索中得来的，是经过历史考验的，这一思想路线丰富并发展了马克思主义认识论，对我国社会主义各方面建设具有重要的思想指导意义。"一切从实际出发"是实事求是的基础和前提，"理论联系实际"是实事求是的有效途径和方法。因此，高校辅导员在工作中践行实事求是原则时，要从学生实际出发，全面了解学生的学习实际、情感实际以及生活实际等，在此基础之上运用理论联系实际的方法，结合有效的手段，有针对性地对大学生进行辅导。只有这样，才能保证辅导员工作的实效性。

在现实生活当中，很多大学生往往不能对自己有正确、全面的认识，不能正确认识自己所学的知识、所处的环境，不能对自己的能力做出客观的评价，常常会出现好高骛远或妄自菲薄的心理，因而制定的学习、职业等目标脱离于实际之外，导致自己所制定的目标仅限定在理想状态，很难实现。因此，辅导员的工作显现得尤为重要。辅导员教育功能的实现，需要辅导员在把握实事求是原则的基础上，从学生的实际出发，切实分析学生各阶段的实际情况，运用自己专业的理论知识，引导学生准确地定位自己，让他们根据自身的实际情况制定切实、可行的奋斗目标，继而落实到实践当中。高校辅导员工作中理论联系实际，包含两个方面的内容，即辅导员自身要理论联系实际和帮助学生理论联系实际。辅导员帮助学生理论联系实际，需要辅导员在向学生传授必要的理论知识的同时帮助学生树立正确价值观、是非观，以此为基础，让学生对自身的实际情况做出客观的评价和认识，继而指导学生自己制定科学合理的发展目标，并督促自己通过不断的努力来实现自己预定的目标。

第二节　因材施教原则和循序渐进原则

目前我国辅导员的带班学生数众多，但是不可否认因材施教是我们教育教学的应然价值取向，教育教学只有在深入了解学生差异和特点的基础上才能有针对性。某些问题的解决需要持续、长期的过程，因为问题的形成不是一天两天而是一个长期累积的过程，需要辅导员循序渐进、耐心等待。因此，辅导员工作更需要遵循因材施教和循序渐进的原则和规律。

一、因材施教原则

（一）因材施教原则的基本内涵

因材施教在《辞海》中被解释为：教育工作的一种原则，指在共同的培养目标下，对不同的受教育者提出不同的要求，采用的不同的教育方法。因材施教在《教育大辞典》中的解释是：在共同的教育目标下，针对受教育者的个别差异和具体特点，采取不同的教育措施。因材施教思想在我国的发展历史源远流长，这种思想最早是由春秋时期伟大的教育家孔子提出的。在当时的条件下孔子已经对学生智力、情趣、性格、专长等做出了认知与强调，并能运用到实际教学当中，同时也取得了令后人仰慕的教育成就。自此以后，因材施教演变为中国一项优良的教育思想传统，并被后人列为一项教育的基本原则。因材施教的现代化就是根据青年学生的特点和资质，施以相应的教育，把他们培养成德智体美劳全面发展的、适应现代社会需求的有用人才。因材施教应随着社会的发展而发展，因材施教指导下的高校教育既要考虑社会的需要，又要考虑人的需要，只有这样才能真正称得上因材施教。另外，与传统相比，现代的因材施教包含了很多新意，主要体现在：首先，因材施教应以学生的集体教育为前提，既要规定同等年龄阶段学生需要达到的共同目标，又要为学生的个性发展创造有利条件；其次，因材施教应摆脱传统单纯教师教的束缚，将学习的主动权交还到学生手上，让学生可以根据自己的"材"择取符合自己需求的教学内容、教学进度、发展方向等；最后，因材施教的目的不单是培养学生一定的认知方面能力，其更重要的目的是让学生的个性得到更好的发展。这一理论充分向我们说明了因材施教的价值，这也是高校辅导员工作中贯彻实施因材施教原则的根本目的所在。从现有的因材施教定义，我们不难看出人们对因材施教的理解主要分为三个板块，即因材施教的依据、实施手段以及实施目标。一般而言，因材施教的依据就是学生的差异、特点，实施手段就是不同的教育，目标则未有准确的定义。在因材施教原则指导下的教育中，学生是主体，因材施教也不单纯只是一种教学手段，而是作为一种思想贯穿在整个教学活动中。在当前时代背景下，因材施教应伴随着每一位学生的成长而发展，其价值取向在于促进学生本体的发展，教育目标的设定也不应是完全统一的。因此，所谓的因材施教是指教育主体根据学习者的个性特征及其他教育因素的不同，处理教育活动与社会、与人之间发展关系的一种教育思想。

因材施教原则，是指教师要从学生的实际情况、个别差异出发，有的放矢地进行有差别的教学，使学生都能扬长避短，获得最佳的发展。每一位学生的教育地位都是平等的，他们之间存在一定的差异，个性与道德规范两难的问题实质上是人的个性与共性的矛盾。共性主要指的是不同事物所具备的普遍性质，它决定了事物的发展趋势。个性则主要是指一件事物不同于其他事物的特殊性质，凸显了事物本身所具备的特点。某种层次上来说，事物的共性与个性是辩证统一的，各事物不仅内含了个性还包含了共性。个性涵括了共性，并丰富了共性。我们在研究某个具体事物时，既要把控好各事物之间存在的共性，又要着重注意此事物的个性，通过对个性的研究去把握共性。要想更好地认识并解决问题，需要我们切实做到具体问题具体分析，从而采取有效的方式。辩证的唯物法认为，矛盾是促进事物发展的动力和源泉，任何事物都存在内部矛盾和外部矛盾，且其对事物发展的促进作用是不同的，内部矛盾是推动事物发展的依据，外部矛盾则是推动事物发展的必要条件，内部矛盾的推动作用是通过外部矛盾实现的。这里所说的内部矛盾和外部矛盾就是指事物发展的内因和外因。我们在理解因材施教原则时，对于教育工作者而言，浅层次来讲，施教是为了保证高校教育工作的顺利进行；深层次来讲，施教则是为了促进受教育者更好地成长和发展，教育工作者工作的最终效果将会体现在受教育者身上，并反馈给教育工作者，继而使教育工作者能够对工作进行有针对性的调整和改善。教育工作者所进行的教育就是学生发展的外因，学生自身的学习则是学生发展的内因。在高校辅导员工作中贯彻实施因材施教原则时，只有兼顾学生发展的内因和外因，才能取得更好的收效。

（二）坚持因材施教原则的必要性

坚持因材施教是对我国传统教育文化的继承，对这一思想的传承，适应了现代教育的需要，宣扬了社会主义人本精神，是现代社会主义和谐发展中个性化教育的必然要求。

统观我国当代大学生的现状，他们的自主意识更强，个性特征鲜明，并强调自身的个性发展。高校辅导员工作中坚持因材施教原则，有针对性、有目的地对大学生进行辅导，能够满足大学生个性化发展的需求。思想产生于人，作用于人，并与人所处的环境和成长的经历有着紧密的联系。但是，毕竟每个人的认知能力、成长环境是不尽相同的，这就决定了学生思想存在差异是必然的，同时学生之间的行为差异也是客观存在的。高校辅导员不但要承认学生思想的这种差异性，还需要尊重这种思想差异性，从而推动因材施教成为现实。辅导员工作中坚持因材施教原则，体现出了对学生的人性关怀，同时也体现出了对学生个性差异的尊重，充分发挥了学生的主观能动性和创造性，为学生的全面发展提供了保障，这也是辅导学生解决思想和生活实际问题的基础。在辅导员工作中坚持因材施教，是对以人为本原则和实事求是原则的延续，这要求高校辅导员在开展工作过程中兼顾社会和人的发展需要，从学生实际出发，实事求是面对学生的发展问题，并在工作实践中帮助学生解决问题，从而促进学生的健康、全面发展，推动学生成人成才。

另外，学生是辅导员工作的对象，是高校教育的主体，一切相关教育活动的开展必须以学生为中心。因材施教原则在高校辅导员工作中的实现，肯定了学生教育主体地位，凸显了教育工作者的辅导功能，适应了现代教育的要求。每个人都是现实社会生活中独立的个体，人的意识、能力、观念是存在差异的。人与人之间的这种差异，不仅仅是先天的生理差异，还是人在后天成长中，受到外界环境的影响而形成的。高校教育应当顺应这种变化，采取积极有效的变革措施，推动每一个独具特性的人发展，这则让教育中坚持因材施教成为必然。辅导员必须客观地承认这一事实，做到具体问题具体解决，才能确保工作的实效性。因材施教尊重了人与人之间存在差异的客观事实，是对学生个性发展的反映和满足。无论是传统教育还是现代教育都对我们提出了因材施教的要求，因此，高校辅导员工作中坚持因材施教原则既是学生个性化发展的必然要求，也是社会发展的必然要求，更是教育自身的要求。

（三）实施因材施教原则的要求

1. 尊重学生个性差异

个性可界定为个体思想、情绪、价值观、信念、感知、行为与态度之总成，它决定了我们如何审视自己以及周围的环境。它是不断进化和改变的，是人从降生开始，生活中所经历的一切总和。在心理学中个性就是个体在对象活动和交往活动中获得，并表明在个性中表现社会关系水平和性质的系统的社会品质。由此看来，个性与人的认知息息相关，它的形成受到遗传素质、教育、环境等众多因素的影响，是不断进化和改变的。缘于成长经历的不同，学生之间个性存在的差异也是必然的结果，我们应该尊重这一客观事实并将这种尊重体现在高校教育当中。因材施教原则指导下的高校辅导员工作实践，要求辅导员要切实了解、知悉学生的个性特征，并以此为依据制定科学合理的教学方案来引导学生形成正确的意识观念和行为。一般说来，学生个性差异主要表现在能力、气质、性格三个方面，这三个方面互相影响、互相依存，并组成一个有机的整体。在高校辅导员日常工作当中，既要考虑到学生个人能力、性格的差异，又要深切地了解学生的心理、思想等特征差异，以此为依据进行有的放矢的教育，在兼顾学生整体的同时及时纠正个别学生的问题，通过有效的沟通方式与学生进行深度交流，从而确保相关工作的顺利开展以及工作实效的提升。

2. 致力于学生全面发展

学生的发展是现代教育视角下高校辅导员工作发展的重要归宿，贯彻因材施教原则要求高校辅导员致力于学生的全面发展。在传统的教育活动中，知识和技能的传授是工作的重点，虽然这种教育涉及了学生的发展，但是更多强调了学生的知识和技能。在以往的教学工作中，人们对知识及能力的重视远高于学生综合素质发展的关注，教学目的为传授理论知识，这种教育理念具有片面性。从本质上分析产生这种现象的原因，我们可以归结为人们对发展的认识还不够深刻、不够全面。我们不否认知识的储备和技能的提高对学生发展的促进作用，但现实问题是这种教学理念容易最终导致人的物化。发展是学生的发展，如果过于强调机械化的学习，学生的自主性受到束缚，那么发展也就无从谈起。因此，因材施教原则指导下的高校辅导员工作，需要辅导员首先要正确认识学生的发展问题。某种意义上我们可以说教学的发展就是人类对文化传承的过程，人的发展就是人与文化双重建构的过程。我们不能简单地将人的发展总结为知识的积累，而应该看到其更深层次的内涵，即人的发展是人的质变过程。在充分理解这点的基础上，高校辅导员在开展相关工作时，应综合考虑学生发展的要求及发展中可能出现的各种问题。促进学生发展的同时还需要教师发挥出因材施教应有的能量，激发学生内在对发展的渴望并转换为学生自主发展的动力，以此引导学生形成自主学习的意识和行为。因材施教就是在发挥教学指导作用的同时争取激发学生自身努力的倾向，发挥学生的主观能动性，让学生的天性得以释放，深度发掘出学生内心对发展的渴望和激情。诚然，高校辅导员工作的目标是促进学生发展，但是学生发展对高校辅导员工作又有反作用。当学生发展的层次越高时，他们的思想境界则越高，接受知识的能力越高，在此基础上，虽然学生发展对辅导员工作能力提出了更高要求，但是却也能够推动高校辅导员工作开展得更顺利，教育工作者应充分地认识到这一点。

其次，高校辅导员要正确认识到学生全面发展中存在的问题。从现代教学实践来看，学生全面发展还只存在于一种理想层次，因材施教原则在高校辅导员工作中的贯彻实施，将使我们向这个教育理想更进一步。教育发展的前景十分广阔，但是实现教育目标的措施还需要教育工作者进行不断的探讨和实践。学生的全面发展包括全体学生发展和学生个人全面发展两个方面的含义。长期以来，人们受传统教育思想的影响，对"面向学生全体"这一概念的认识存在一定的局限性，班级大班授课致使面向全体学生的发展演变为学生全体的均衡发展。这种状态的教学或多或少泯灭了学生个体个性，忽视了学生之间存在的个性差异，使层次化教学得不到实现，真正意义上得到"发展"的学生寥寥无几。所以，高校辅导员在工作中要实施因材施教，只有满足每一位学生的个性发展需求，才能将所有学生的全面发展演化到极致，继而真正实现学生个体的全面发展。教育要培养的是德智体全面、和谐、均衡发展的人，或者说，教育需要培养的是"全人"或"一个完整的人"，而不是培养只得到某一方面发展的人。这也是现代教育课程改革的要求。面向学生全体是为了让学生得到更好的发展，促进学生个体的全面自由发展是全面发展教育的最终目标。学生的个性差异决定了学生各个方面的发展也是不同的，我们不能强制要求每一位学生的发展都保持同步，这是不现实的，也是不科学的。因材施教原则要求高校辅导员在尊重学生个性差异的客观事实基础上，向学生传授必要的理论知识，培养学生基本技能，并注重挖掘学生的内在潜力，从而促使他们沿着个性的发展道路获得德智体美劳的全面发展，力争做一个合格的社会主义接班人。

3. "教"与"学"相结合

奠定教育过程的基础应当是学生的个人活动，教育的全部艺术应当归结为只是指导与调节这种活动。在教育过程中教师应使火车厢自由而独立地沿着轨道运行。轨道只是指引火车运行的方向。教育应当这样来组织，不是他人在教育学生，而是学生自己在教育自己。从因材施教角度来理解"受教育者"这个概念，学生不再是单纯被动接受知识的受教育者，而是一个具有超越性的受教育者。因此，高校辅导员在面对学生时，应该转变以往的教育观念，从传授知识到引导学生自主学习转变，充分发挥自身的教育引导作用。新课改要求下的高校辅导员工作要全面、正确地认识到知识和知识教育概念的界定，合理设置课程教学内容，使教学内容与学生的生活、社会的发展及科学技术的进步紧密联系在一起，让知识教育更加贴近实际，使学生对学习产生浓厚的兴趣和渴望，继而激发他们探索未知世界的动力，并将知识内化，而并非存在于理论界面。另外，因材施教原则还要求高校辅导员在工作开展的过程中，从知识与技能、过程与方法、情感态度与价值观三个维度确立教育工作的功能和目标，呈现出教育原有的多元化价值，拓展教育所具备的功能，让学生在掌握教学知识的同时体验学习所带来的快感，掌握必要的学习方法并树立正确的思想意识观念。因材施教原则在高校辅导员工作中的贯彻实施，适应了现代教育课程改革的要求，我们应该予以坚持。

　　因材施教原则在高校辅导员工作中的贯彻实施主要表现为教育过程中的重学。因材施教就是从学生的实际出发，采用有效的教学方式方法对学生进行教学，以求获得更好的教学效果。反观当前阶段高校辅导员的工作，部分教师主观臆断地将教学的重点放置在"教"上，而在"学"方面的关注很少，并片面地将对学生的评价限定在考试成绩上。然而，现代教育的根本目标是培养学生，推动学生发展才是教育的根本目的，本质上来讲，教育只是作为一种手段、一个过程出现的，我们倡导在教育过程中由重教到重学的转变。传统的教学理念认为，教与学是相辅相成的。现代教育理论也认为教学是一个师生之间互动的过程。教与学虽然存在辩证统一的关系，但教对学生发展的促进作用也不是必然，片面地强调因材施"教"而忽略学生的"学"本身就是不科学的。高校是培养人才的基地，是学生进行学习的重要场所，高校教育工作任务之一就是辅导学生通过自我创造、发现及评价来获取知识，引导学生学会如何学习，发挥学生学习的主观能动性，从而激发学生主动学习的兴趣。因此，高校辅导员在对学生进行教育时，除去传授学生必要的知识之外，还要注重引导学生学会学习。正确处理"教"与"学"之间的关系，是坚持因材施教原则的基本要求，只有这样才能充分调动学生的学习兴趣，发挥学生的主观能动性，而这对提高高校辅导员工作实效具有重要的现实意义。

二、循序渐进原则

（一）循序渐进原则的基本内涵

　　循序渐进原则是高校辅导员工作中所需遵循的基本原则之一。循序渐进就是指按照一定的顺序、步骤逐渐进步。一般我们谈到循序渐进原则时，主要是从较为具体的层面上理解的，具体而言，就是从教学过程、教学方式方法等层面来理解。循序渐进原则亦称为系统性原则，它在高校辅导员工作中的应用，是指辅导员需要按照学生认知发展的顺序进行教学辅导，简而言之就是由简单到复杂、由浅层次到深层次的辅导过程，从而促使学生树立正确的思想意识观念。某种意义上来说，循序渐进原则客观反映了学生的认识发展规律。一般学生的认识都是由未知到已知、从低层次到高层次逐步发展的过程，因此，高校辅导员工作中只有讲求循序渐进地教学，才能保证学生学习活动的顺利开展，继而提高工作实效。如若不然，势必会增加学生学习的难度，给辅导员工作的开展带来麻烦和困难，并影响教学效果的提升与学生管理水平的提高。

（二）坚持循序渐进原则的必要性

人对事物的认识规律决定了辅导员工作必须坚持循序渐进的原则。人类在认识某种事物的过程中，都是按照由不知到已知、由低层次到高层次的规律发展的。在辅导员工作中，要帮助学生解决成长过程中遇到的实际问题，应该按照从不通到通、从认识错误到改正错误的次序对大学生进行耐心的教育和辅导，使他们感受到辅导员最真切的关怀以及真诚的态度，让他们充分认识到自己的错误所在，并在辅导员的引导下积极地改正错误，提高自己的思想觉悟和自控能力。假如忽视了人认识事物的这种发展规律，违背循序渐进的原则，过分强调工作效率，急于求成，贪高图快，虽然出发点是善意的，但是最终结果往往不尽如人意，与预期的收效差之甚远。正所谓欲速则不达就是这个道理。在高校辅导员开展大学生思想政治教育和日常行为管理工作的过程中，需要坚持循序渐进原则，这是因为学生正确的思想意识并不是一蹴而就、一朝一夕就能养成的，这个过程需要学生不断学习、高校长期培养。值得注意的是，无论是学生自主学习还是辅导员培养都要讲求循序渐进，只有这样才能保证学生在成长的道路上走好每一步。坚持循序渐进原则由此显现得尤为重要。学生日常规范行为的产生有赖于正确的思想意识，这是因为意识指导行为，只有培养学生正确的思想意识，才能使他们更好地遵守行为规范，取得辅导员工作应有的效果。除此之外，良好的行为习惯也是在日积月累中养成的，简单的一次或几次辅导并不能帮助学生养成良好的行为习惯。辅导员工作中坚持循序渐进的原则，对学生进行循循善诱的引导，有助于降低学生的学习难度，促使学生调整自己的学习状态，在良好的心态影响下促进有效、规范行为的产生。因此，高校辅导员工作中坚持循序渐进原则，尊重了人认识事物的一般规律，是大学生健康发展的必然要求，只有这样大学生才能全面、均衡发展，成为新时代社会主义建设合格的接班人。

（三）实施循序渐进原则的要求

1. 正确处理渐进与跃进的关系

工作中循序渐进并不是要求我们减缓工作的进度，而是讲求一个科学发展的过程。循序渐进作为一项教育基本准则，应该包含渐进和跃进两个层面的内容。渐进是指通过一段时间的辅导教育，让学生的思想和行为产生一定变化。跃进则是指一段时间内通过学生思想和行为的这种变化积累，促进他们出现质的飞跃。渐进和跃进之间存在着紧密的联系，两者是辩证统一的关系。渐进是跃进的基础和前提。辅导员工作的过程，就是学生思想和行为产生变化的过程，是一种连续而又相对稳定的状态。高校辅导员工作过程中，要注意从基础抓起，逐步对学生进行教育和辅导，给学生预留出消化知识的时间，确保每一项工作的有效开展。当学生的思想认知达到一定程度时，那么辅导员则可以实施下个阶段的工作，将学生的认识提升到更高的层次。缺少渐进和跃进中任何一个过程，循序渐进原则的实施就是不完整的，没有渐进就没有跃进，跃进是渐进过程的必然结果，跃进过后就是下一阶段渐进的开始。因此循序渐进应是一个不断循环的过程。辅导员在对学生进行循序渐进的教育过程中，学生的认知是逐渐变化的，当这种变化积累到一定程度时，他们的认知就会上升到一个新的层次，就会出现质的飞跃，教育效果也就因此而显现出来。大学生成长的过程中，势必会伴随着知识和能力的变化，任何人都不可能是一成不变的，教育工作者特别是高校辅导员应正确认识到这一点，对学生进行全面、综合的培养，让学生的德智体美劳都得到一定的发展。渐进和跃进是教育过程中学生身心全面发展的两种状态，它们既不相同又相互联系、相互渗透。高校辅导员工作是在这两种状态交替中进行的，辅导员要注意按照一定程序，根据学生的特点，采取有效的方式方法，有针对性、有组织性地帮助学生加速渐进过程，保证学生更好进入跃进状态，从而促进学生的发展，实现工作目标。因此，高校辅导员要想更好地将循序渐进原则运用到工作当中，就需要注意正确处理渐进与跃进之间的关系，将两者辩证统一起来。

2. 遵循学生的认识发展规律

学生认识事物的过程也是学习的过程，同时是一个由易到难，由低层次到高层次发展的过程。要提高辅导员工作的实效，促进学生的身心健康发展，就需要在遵循学生认知规律的基础上，循序渐进地对学生进行引导。在辅导员与学生进行沟通交流时，简单地通过一次谈话就想解决学生的所有问题是不现实的，也是不可能实现的。辅导员要对学生的学习、生活、情感、工作等各个方面进行了解，了解他们遇到的实际问题，并进行解答，讲求循序渐进，逐个帮助他们解决这些问题。高校辅导员对学生的工作应该是一个不断重复且逐步深化的过程。单纯地靠一次沟通是不能解决问题的，且一开始就对学生长篇大论，讲一些深奥的道理也不可能起到应有的效果。因此，辅导员在与学生沟通时，应该注重从外化到内化，从单一说教到实践活动，将情感与认识融为一体，将情感提升到信念层次，从而提高大学生自觉认识的动力。只有正确认识到学生认识的发展规律，并遵循这一规律，进行循序渐进的辅导工作，才能让学生配合辅导员工作的开展，也才能够有效提升高校辅导员工作成效，并促进学生的全面健康发展。

第三节　情感性教育原则和疏导原则

情感教育是高等学校辅导员工作实施的重要载体，对促进高校学生身心健康具有重要影响。教师职业的天然要求，就是拥有较强的情感教育能力，这也是现代学校教育和课堂教学的必然要求。辅导员应当努力成为学生的人生导师和健康成长的知心朋友。因此，培养和提高高校辅导员的情感教育能力，是开展学生工作的关键环节。大学生是一个特殊的群体，他们在学习中和生活中面临着社会和学校的双重压力，学生在这个过程中会出现一些心理问题。因此，高校要结合学生的心理特点，不断提高高校辅导员的心理疏导能力，提高他们的道德思想水平，进而为学生的健康发展提供保障。

一、情感性教育原则

（一）情感性教育原则的基本内涵

人类在开展某项社会活动的过程中，会受到一些情感因素的影响。人本身就是一个富含着情感的生命个体，因此，将学生教育与管理提升到情感层次是推动大学生发展和社会发展的必然需要。苏霍姆林斯基曾经说过，情感是强大无比的教育者。我们应该看到情感在教育中所起的积极作用，并将其视为一项基本准则运用到实际教育当中。古人有云："人非草木，孰能无情。"在人们所处的社会环境下，人与人之间错综复杂关系的建立离不开情感，相互间的联系也离不开情感。在人们的日常生活当中，人与人之间的接触会使人产生一定的主观感受，导致心理上出现某种波动，这种波动就是我们所说的情感。情感的表现方式是多种多样的，有悲愤、欢喜、恐惧、满足、幸福、美好等，或积极，或消极。情感是反映客观事物是否能够最大效率地满足人们实际需求的一种心理态度，是人类本身的一种特质。这说明了人的需要源于客观事物，并由此引发了人的情绪体验。当作为主体的人受外界刺激时，人的实际需求和价值取向就会在内心和大脑中呈现出由感受到评价再到选择的一种过程，从而产生情感。一旦外部刺激能够满足主体的情感需要，就会刺激主体各部分感受器官，产生情感共鸣，然后以肢体语言、动作行为表现出来。具体而言，情感就是人类本身固有的心理特质，是与人们的社会性需求紧密相连的。情感的价值在于情感是人存在的基本方式之一，是个体精神生命的主体力量，与人的生命紧密相连并贯穿于人的整个生命当中。由此可见缺乏情感的事业是得不到发展的，也是不可能完成的。

情感教育建立在认识情感的基础之上。情感教育作为一种需要遵循的原则和有效的教育方式，受到了国内外的广泛关注，在此背景下关于情感教育的探究也在实践中不断深入。情感教育就是要求高校要把学生良好情感的培养与高校教育有机结合起来，从而使学生情感更加丰富和完善，要整合思维、情绪、生理三者的关系，从而使人的精神状态达到最佳。情感教育把大学生的全面发展和社会的进步当作目标，重视学生在受教育时所拥有的情绪感受，尤其注重大学生社会交往与人际沟通手段的培育，从而使学生个体发展能够与社会发展相协调。由此看来，情感教育的目标与我国高校教育的基本目标是吻合的，是适应现代教育发展需求的，我们应该予以重视并在高校教育工作中开展实践。情感教学从最根本的含义上说，就是指教师在教学过程中，在充分考虑情感因素的同时充分发挥情感因素的积极作用，以推动教学目标的实现与教学效果的增强。高校辅导员工作中，主要是把情感性教育当作一种方法、一项准则，通过自己丰富的情感、语言表达，提高教育吸引力，让学生在情感体验中得到发展。任何阶段、任何学科的教育都离不开教师与学生之间的沟通，而沟通的过程中势必会掺杂着情感的因素。在教学实践过程中，各级教育工作者应把控好这个因素，并将其渗透到整个教学工作当中，从而对学生产生影响，并引导学生树立正确的思想意识观念。高校辅导员工作是高校教育工作的重要组成部分，因此，高校辅导员也应将情感性教育视作一项基本原则贯穿到整个工作体系当中。

（二）坚持情感性教育原则的必要性

在当前的高校教育中，无论是理论层面的情感教育还是实践层面的情感教育都处于较为薄弱的状态，教育中的情感教育部分较为匮乏。部分高校辅导员在日常工作中，往往会以敷衍、简单、生硬的方式应对大学生复杂的思想问题和生活问题，对于困难的工作内容闭口不谈或浅尝辄止，缺少细致深入的内化工作。导致这一问题出现的原因主要是高校辅导员工作中情感教育的缺失。因此，为促进学生的健康发展，高校辅导员必须在坚持情感性教育原则的基础上对学生进行辅导和管理。辅导员对学生进行辅导和管理的过程中，主要是以沟通的方式对学生的情感与认知产生作用和影响，并引导学生在情感上与辅导员产生共鸣，使大学生更主动地接受辅导员的说教，继而自觉地改正自己的错误。由此可见，将情感教育渗透到日常工作中是提高辅导员工作实效的有效方式。情感性教育原则指导下的高校辅导员工作，凸显了人性化的教育，同时要求辅导员必须以尊重学生为基础前提。在日常学习、生活当中，学生总会出现这样或那样的问题，需要辅导员在情感上给予一定的关怀，在此过程中，只有触碰到学生的内心情感，才能让他们在真实的情感体验中转变自己的思想，更正自己的错误。辅导员在工作中把握好情感性教育原则，激发学生对某种思想观念的情感体验，培养他们健康、良好的情感，有利于学生更好、更全面地接受辅导员的教育和指导，并将其内化为自觉的动机，从而提高工作实效。另外，学生在成长的过程中难免会碰到挫折和失败，帮助学生正确面对失败与挫折，适当地调整自己的情绪，是情感教育中的重要部分，也是辅导员需要关注和重视的。坚持情感性教育原则在辅导员工作中的贯彻，可以督促辅导员给予学生更好的帮助和辅导，提高他们战胜困难、解决问题的自信心和勇气，为增强工作效果增添动力。只有在情感性教育原则的指导下，高校辅导员工作才能走进学生的内心，并从情感层面上对大学生产生影响，促使他们将辅导内容内化为自己的思想观念，指导自己产生正确的行为。因此，高校辅导员工作中坚持情感性教育原则，是辅导员工作本身特性的要求，是当代大学生情感健康发展的要求，是构建大学生完善思想体系的要求。坚持情感性教育原则有利于辅导员工作的顺利开展，因此高校辅导员应该对情感教育原则给予重视，并注重落实到工作实践当中去。

（三）实施情感性教育原则的要求

1. 树立情感教育意识

高校辅导员工作的过程，不仅仅是对学生开展教育与管理的过程，还是一个与学生进行情感交流的过程。意识引导行为，辅导员只有树立情感教育意识，才能更好地指导自己将情感性教育原则贯彻到工作实践当中。具体来讲，情感教育意识主要表现在以下几个方面：一方面，情感教育表现为辅导员对学生的期望。辅导员对学生所表现出的某种情感，在心理上会对学生产生一定的影响。因此，辅导员在工作中要对全体学生一视同仁。坚决杜绝带着私人情感去看待学生，坚守自己的职业道德和底线。另外，辅导员要始终做到相信学生，不断表达出对他们的殷切期望，鼓舞他们努力学习，给予他们一定的自信心，引导他们不畏艰难困苦，在自己成长的道路上谋求成功与发展。对于处于后进的学生，要做到不抛弃、不放弃，用自己最真诚的情感去感化他们，鼓励他们不断向先进拼搏、进取。在学生成长的路途中，辅导员扮演着不可或缺的角色，对学生所表现出的期望是学生希望火焰维系下去的"燃料"，可以帮助他们走出人生的低谷，在艰难困苦的时期锻造良好的精神品质。另一方面，情感教育表现为辅导员对学生的亲近。辅导员与学生是高校辅导员教育活动的主体，在校期间，辅导员与学生之间的交流和接触是相当多的，而这种交流也是师生关系建立的主要手段。辅导员与学生之间存在着一种亦师亦友的关系，因此，辅导员要真正做到关心学生、关爱学生，主动融入学生群体当中，和他们亲近，共同解决他们生活中所遇到的困难或问题，在平等的基础之上与学生做朋友，努力成为他们的良师益友。当这种关系真正形成时，辅导员与学生在一起时就会自然地产生愉悦情感，而与学生分离时则会感到怅然若失。这也是辅导员工作中情感变化的过程。因此，在高校辅导员日常工作中，要全面地展现出自身所具备的人格魅力，让学生对自己产生一种信服感、崇拜感，并将辅导员身上所具备的情感优点转化为学生自己的优势，完善学生自身建设。这要求辅导员能够将教育的温情贯穿始终，学会亲近学生，让学生在美好的情感体验中感受到辅导员所带来的温暖和关怀，从而让学生在情感上与高校辅导员达到一种共鸣，并增强学生对辅导员工作的认同感。最后，情感教育表现为辅导员对学生的理解。辅导员亲近学生，热爱学生，对学生有着深切的期望，所以辅导员能以宽阔的胸怀对待学生，能够客观、科学地看待学生。情感性教育原则指导下的高校辅导员工作，要求辅导员能够及时了解学生的实际，充分理解学生时下的思想、行为以及心情的变化，并对学生错误的思想行为和所具有的缺点进行客观的评价和分析，辅导他们及时纠正错误，完善自身，从而促使学生拥有更加美好的未来。某种意义上，充分理解学生可以增强学生的主观能动性和创造性，在大胆尝试的心理作用下促使学生深度挖掘自身的潜能，使他们得到全面的发展。总之，在高校辅导员进行情感性教育的过程中，只有以自己最真挚的态度关爱学生、理解学生、亲近学生，充分释放自身与学生的情感，才能让彼此的情感交融在一起，继而推动教育目标的实现。

2. 增强学生对生命情感的体验

所谓的生命情感是人作为个体与周边世界接触中对生命进行体验、感受所产生的一种情感。增强学生对生命情感的体验，可以形成学生的存在感，同时可以帮助学生融入群体当中，建立属于自己的交际圈，拉近学生与学生之间的关系，为打造和谐校园奠定基础。人是有生命的个体，人对生命的感悟某种程度上影响了自身思想和行为的产生，只有引导学生产生丰富且真挚的生命情感，情感性教育原则实施的目标才能得以实现，学生的成长才能寻到归宿。目前，素质教育步入了飞速发展阶段，人们对情感素质教育的重视日益提高，它跳出了工具理性主义将人视为"机器"的樊篱，是对以人为本教育理念的回归，重点凸显出了人的生命价值。高校辅导员在与学生交流的过程中，需要真切地了解学生亲情、友情、爱情的现状，借此引导学生形成正确的亲情观、友情观、爱情观等意识观念，让学生在这种正确意识观念的指导下感受到人生的美好，借此督促学生为更美好的生活而努力奋斗。与此同时，辅导员还要注重培养大学生良好的道德品质。辅导员作为高校教育实施的一员，在自身工作的任何阶段对大学生自律和公德的培养都是义不容辞且必要的。高校学生大部分都处于群体生活的状态，集体道德风气对学生个体道德品质的影响是巨大的。反过来，学生群体是由一个个学生个体组成的，学生个体道德品质对集体道德风气的影响也是不容忽视的。在高校辅导员践行情感性教育原则的过程中，要加强学生群体的道德建设，大力宣扬我国优良的传统道德文化，使学生对道德形成正确的认识，并使学生对自身的道德标准体系进行完善。另外，高校辅导员有必要组织学生深入社会实际生活，通过集体社会实践活动，培养他们的集体荣誉感、集体奉献精神、社会责任感等，并在搭建才华自由展示平台的同时促进学生道德情操的健康发展。强化学生对生命情感体验的方式是多种多样的，需要辅导员深入研究情感性教育，不断更新自己的教育理念和技能。多方位扩展情感性教育的方式，让学生在情感体验中得到更多，培养他们成为一个有情有义的人，这也是现代社会主义和谐社会建设的基本要求。切实把握好情感性教育原则在高校辅导员工作中落实的基准点，注重对学生的情感培养，以情感交流的方式深化学生对所学知识和技能的认识，能够增强学生对教育的认同感，从而激发他们主动学习的兴趣和动力。情感性教育原则在高校辅导员工作中的贯彻实施与以人为本的教育理念遥相呼应。

二、疏导原则

（一）疏导原则的基本内涵

疏导之意可拆分开理解，即疏通和引导。疏导原则在高校辅导员工作中的贯彻，体现了教育民主性与集中性的结合。疏与导之间存在着一种辩证的关系，疏通中有引导，引导下有疏通，这样将两者紧密地连接在一起，即为疏导。凡属于思想性质的问题，凡属于人民内部的争论问题，只能用民主的方法去解决，只能用讨论的方法、批评的方法、说服教育的方法去解决，而不能用强制的、压服的方法去解决。疏导原则的确立和发展是离不开与人民内部矛盾这一理论的认识和发展的，是对人们精神的一种具体体现。在高校辅导员工作中，学生思想上待解决的问题是客观存在的，只有用民主的说服教育方法来解决这些问题，才能取得良好的教育效果。高校辅导员要引导学生树立正确的思想意识，帮助学生认清思想观念是非，辅以必要的指导，促使他们在生活实践中对客观世界形成正确的认识。在此过程中，辅导员要切实尊重学生思想的认识规律，充分发挥学生的自主意识，鼓励学生各抒己见、畅所欲言，从而调动学生参与教育活动的积极性。面对学生思想与行为方面的诸多问题，辅导员有必要采用民主的方法、讨论的方法、说服教育的方法帮助学生解决这些问题，这些做法是坚持疏导原则的重要体现。疏导原则蕴含着丰富的传统文化，同时也是高校辅导员工作必须坚守的准则之一。疏导原则涵盖着两个层面的原则，即疏通原则和引导原则。其中，疏通是问题解决的基础，是引导实施的前提；引导是对疏通的延续，是疏通的目的所在。如果片面地强调疏通原则，任由学生的思想自由发展，极可能导致学生错误的思想泛滥，那么疏通将会毫无意义可言。反之，如果片面地强调引导原则，学生隐性的思想问题得不到暴露，那么引导也就无从谈起。因此，只有将疏通和引导紧密地结合起来，才能真正发挥疏导原则在教育中应有的功能。鉴于疏导对大学生思想方面的作用，疏导原则主要适用在高校辅导员对学生思想辅导工作中。

（二）坚持疏导原则的必要性

高校辅导员工作的核心任务就是对大学生进行思想政治教育。思想政治教育是一个转化大学生思想，解决思想矛盾，引导大学生树立正确的世界观、人生观、价值观、政治观、择业观等思想观念的过程。只有引导大学生形成正确的思想意识，才能指导大学生正确的行为，这是辅导员规范学生行为的重要基础。辅导员工作的对象是学生，所要解决的重点问题就是学生的思想问题，即引导大学生树立正确的思想观念。辅导员思想政治教育这部分工作的特点决定了在工作中要注意对学生进行疏导。人的思想是客观存在的反映，人与人之间所处的社会地位、环境以及自身的经历有所差异，所以人们对待生活中事物的看法不同也是不足为奇的。在实际生活中，学生所处的环境、自身的经历等不尽相同，对待事物的认知也是由低到高的层次逐步递进，思想观念对错兼具也是正常的。因此，我们应该理性地对待大学生思想认知上的差异，无论这种思想认识正确与否，都应当鼓励他们将自己的观点积极地表达出来，只有这样，高校辅导员才能最真切地了解到学生的想法，并和学生共同分析其中的正确部分和错误部分，继而帮助他们改正错误的想法。如此一来，既满足了辅导员工作的需要，又激发了学生的自主思维能力，并提升了学生的分辨能力。另外，当代大学生所表现出的自主思维能力更强，极富探索精神，对待事物都习惯性地探寻一个为什么，他们喜欢思考，不轻易相信外界的言论或思想。相较于盲从状态，这种状态的下的大学生具有一定的进步。但是受生理及心理成长的限制，大学生完善的思维模式尚未建立，辩证的思维尚未形成或还不够完善。大学生的这一思想活动特点决定了辅导员在工作中必须坚持疏导原则，从而保证相关工作的顺利开展。在辅导员日常工作的过程中，应该注意发挥出当代学生的优质特性，结合这种特性采取科学合理的方法对学生进行教育，从而提高学生对教育的认同感，提高辅导员工作实效。因此，辅导员工作的特点以及当代大学生的特点决定了必须坚持疏导原则。

（三）实施疏导原则的要求

1. 强化疏导原则的功能

疏导原则的功能是由其本质决定的，强化疏导原则的功能具体应从三个方面入手：第一，要强化疏导原则的教育引导功能。关于疏导原则，部分人片面地认为疏导原则仅局限于教育引导，通过说服教育来解决人的思想问题。在实际教育工作当中，教育工作者也可以通过教育来发挥受教育者的长处，引导他们朝着自己的优势发展，这表明了疏导具有一定的扬长功能。在此过程中教育者能够帮助受教育者更全面地认识自己，使受教育者实现个人的自主发展。在新的时代背景下，部分学生过分追求自我价值的实现，将眼前的物质利益视作全部，忽略了对集体、国家发展的关注，从本质上来看，导致学生出现这种状态的原因是学生个人视野存在一定的局限性，导致个人发展局限在狭小的空间范围内。将学生的这种发展剖开来分析是缘于缺少正确思想的引导。因此，高校辅导员在工作中，要强化疏导原则的教育引导功能，引导他们自主发展，培养他们的自主意识和自觉意识，帮助他们将个人发展和社会发展紧密联系起来，引导他们树立正确的是非观念，促使他们摆脱对社会或他人的依赖，并能够完全靠自己进行价值的判断。第二，要强化疏导原则的心理咨询功能。在市场经济飞速发展的今天，人们的生活方式、思维方式等发生了很大的变化，多元文化生态格局的形成，使得人们的思想观念受到了冲击。在这个历史发展时期，人们多多少少都会面临着一些压力和困惑。高校大学生作为社会现实的人亦是如此。与此同时，受我国就业制度改革和社会主体市场经济体制的双重影响，当代大学生面临着较为严峻的就业形势。如果这些压力得不到缓解或释放的话，很可能会导致大学生心理失衡，严重时则会造成大学生心理扭曲，这不是我们所乐意见到的。因此，疏导原则指导下的高校辅导员工作应强化心理咨询功能，为学生提供必要的心理咨询服务，与学生建立和谐的师生关系，为其营造轻松、愉悦的氛围，让他们在减少心理压力的情况下表述自己心中的疑惑，疏泄出自己心中的苦闷，并及时了解他们的思想动态，弄清他们的真实需求，即疏通学生心理。值得注意的是，疏导并不能等同于教导和指导。因此，注意区分开疏导、教导与指导之间的差别是十分重要的。在此基础之上，辅导员需要采用合理的方式方法帮助学生分析产生各类疑惑和苦闷的原因，继而有针对性地对学生进行引导，抓住他们思想活动的规律，满足学生的发展需求，确保他们的健康成长，即引导学生发展。第三，强化疏导原则的冲突处理功能。高校校园是学生学习、生活的主要场所，是学生活动的聚集地。大学生常处于校园生活的状态，导致了他们的社会经验不足，往往会片面地看待某个事物，并会不同程度地存在思想认识的偏差和矛盾。高校学生在未离校之前，接触社会的机会相对较少，虽然系统的理论知识体系逐步建立，但是实践经验还存在很多的不足，理想信念大多还停留在概念阶段。另外，当代大学生虽然在法律意义上已经是成年人，具有独立的人格，但是纵观大学生整体，所表现出的心理还不够成熟，思想的发展还有赖于高校和家庭帮助。因此，在高校辅导员贯彻疏导原则的过程中，需要强化疏导冲突处理的功能，客观承认这些冲突的存在，并深入分析产生这些冲突的原因，从心理和思想上对学生进行疏导，提高学生精神境界，引导学生认准自身发展的方向，从而减少甚至避免冲突的产生，促进学生的健康发展。

2. 处理好疏导所涉及的各项关系

高校辅导员工作中贯彻疏导原则，需要处理好疏导所涉及的各种关系，这些关系主要包括疏导的内部关系、疏导与规范的关系、疏导与灌输的关系三个方面。具体而言，首先，要处理好疏导内部关系。如上文所阐述的，疏导主要包含疏通和引导两个方面的含义。疏通要求辅导员在工作中，坚决抵制压制学生思维、意见、观念的行为，尽量避免强制性教育的现象出现，为学生创造各抒己见、畅所欲言的教育环境，鼓励他们积极发言，大胆表述自己的所思所想，提倡大家集思广益，充分表达自己的看法和意见。另外，辅导员要摆正自己的态度，适度放低姿态，在构建师生之间和谐、平等关系的基础上，积极接纳学生所提出的意见和建议，要切实分析各类现象所蕴含的合理性和科学性，积极更正自己的错误或弥补自己的不足。要切实做到积极疏通，及时掌握大学生的思想动态，有针对性地对其进行引导，培养大学生正确的思想意识。引导方面，要求高校辅导员敢引导，会引导。疏导原则指导下的高校辅导员工作，要加强对学生的思想引导工作，坚决杜绝放任学生错误思想自由发展的现象出现，既要对学生正确的思想意识给予认可和支持，又要对存在错误思想的学生动以情、晓以理，通过辅导员耐心的说教、善意的批评，及时更正这部分学生的错误思想，引导他们形成正确的思想。值得提出的是，辅导员引导学生树立正确思想意识的过程中，对学生的批评教育应该是饱含热情的，善意详细的，情理结合的，而非采取简单、强制命令式的。缺失了引导的高校辅导员工作是不健全的，不科学的，极可能会导致大学生错误思想泛滥，并影响我国社会主义的和谐发展，疏通的意义也就不复存在。高校辅导员工作中正确处理疏导内部的关系，就需要把控好疏通和引导之间的关系，将两者紧密联系在一起，并落实到工作实践当中，这样才能充分发挥出疏导在教育中所具备的功能。

其次，要处理好疏导与规范之间的关系。在高校辅导员工作中，疏导不是在任何情况下都有效的。某种特定的条件下，疏导需要与规范结合使用才能取得良好的效果。疏导与规范是相辅相成的关系，在高校辅导员的工作中要将两者有效结合起来，这要求辅导员对学生进行思想疏导的同时，还要注意用校规来规范学生的行为，从思想和行为上对学生进行教育，这对提高工作实效具有重要现实意义。学生行为的规范依赖于高校的规章制度，这需要高校以我国大学生管理制度为依据，结合本校的实际情况，从加强学生管理的角度出发，制定科学、合理的校园规章制度，明确学生行为规范，并制定成手册下发到每一位教师和学生手中，使他们对高校的规章制度有一个清晰的认识，督促学生遵守相关规定。另外，高校有必要注重校园规章制度的执行力度的强化，辅助高校教师做好学生教育、管理工作，提高高校教育工作实效。某种意义上，我们可以说疏导教育是一种"软"的教育方式，规范约束推动学生行为是一种"硬"的教育方式，在现代教育体系中，只有做到软硬兼施，才能做到对学生的全面培养，促进学生的全面发展。

最后，要处理好疏导与灌输之间的关系。在我国很长的一段历史时期中，人们采用硬性灌输的方式教育学生，学生大多处于被动接受的状态，这基本与强制、压制一般无异，过分强调灌输，忽略了疏导，违背了现代教育以人为本的精神。但是，现代教育中又存在片面讲求疏导，不进行灌输的现象。这两种对教育认知的偏差，无论是哪一种都对高校辅导员工作产生着不利影响，是现代教育科学所不能接受的。事实上，疏导与灌输并不是彼此分离的，它们之间存在着相互影响、相互作用的关系。高校辅导员工作要贯彻疏导原则，更充分知悉学生的思想实际，继而有针对性、有目的地对学生进行知识灌输。只有贯彻灌输原则，才能不断完善学生的理论知识体系，丰富学生的思想内涵，让学生形成自己的思想和主张，继而表达出来。由此可见，高校辅导员工作中坚持疏导原则的同时还需要坚持灌输原则，必须处理好疏导与灌输的关系，把两者紧密结合在一起，以此指导辅导员工作的开展。

第三章 高校辅导员工作及其协同发展

第一节　高校辅导员工作与思政课教学工作协同发展

思想政治课程是大学生进行思想政治教育的主渠道，高校辅导员在思政教育成效中扮演着重要角色。本节从高校辅导员工作与思政课教学结合的必要性出发，就高校辅导员工作与思政课教学结合的角度分析并提出相应建议，二者建立协同机制，逐步形成高校育人合力，充分发挥大学生思想政治教育工作实效。

一、辅导员工作与思政课教学协同发展的必要性

辅导员工作与思想政治理论课教学的关系，在一定意义上，是"两个课堂"之间的关系。思想政治理论课程教学是"第一课堂"，辅导员工作是"第二课堂"，二者在工作目标与任务、教育内容与过程、教育方式与方法等方面有着非常密切的关系。这种特殊关系决定了二者协同发展的必要意义。

（一）工作目标的一致性

高等学校思想政治理论课承担着对大学生进行系统的马克思主义理论教育的任务，是对大学生进行思想政治教育的主渠道。通过教学活动，将马克思主义的立场、观点和方法传授给大学生，使其用科学的理论武装当代大学生头脑，树立正确的世界观、人生观和价值观，是党的教育方针的具体体现，是社会主义大学的本质特征，是党和国家事业长远发展的根本保证。提高大学生的思想政治素质，把他们培养成为中国特色社会主义事业的建设者和接班人是辅导员工作和思想政治理论课教学工作的共同目标。围绕着共同目标，辅导员工作和思想政治理论课程教学从学生思想成长的教育规律上就天然地结合在一起，密切关联而不可分割。而且，在新形势下进一步加强和改进大学生思想政治教育，辅导员工作和思想政治理论课程教学都共同面临着适应当代大学生思想特点的新问题，承担着贴近实际、贴近生活、贴近现实，创新教育内容、方式方法的新要求，成为提高学生思想政治教育实效性的两大着力点。

（二）教育内容的交融性

辅导员工作与思想政治理论课程教学在内容上是一种相互融合、相互配合、紧密结合的关系。辅导员工作中很重要的部分是开展思想政治教育，主要包括思想教育、政治教育、道德教育等。其中思想教育着重对大学生进行世界观、方法论教育，用马克思主义武装大学生的头脑，以科学的理论提高他们认识世界、改造世界

的能力，树立科学的世界观、人生观、价值观。

目前，高校的思想政治理论课教育内容主要包括思想教育、政治教育、国情党情教育等。课程教学侧重专题的理论讲授和思想观念引导，辅导员工作侧重学习生活实际的锻炼和提高，在课堂与课外教育的紧密结合下，大学生的思想道德教育方能出效果。在两项工作中共同交融的部分，就是对大学生进行思想教育和政治教育。思想教育必须以理论教育为基础，科学的理论是掌握群众的强大力量。同时，理论教育也必须联系实际，课堂教学的理论教育只有联系大学生的思想实际，联系社会生活的实际，才能进入大学生的头脑，为大学生所接受。政治教育离不开理论教育，只有理论上坚定才能达到政治上坚定。在辅导员工作活动中，党的组织、团支部的活动是政治教育的重要载体。

（三）教育过程的贯通性

思想政治教育的过程是教育者根据一定社会的思想品德要求使受教育者的思想品德形成发展规律，对受教育者施加有目的、有计划、有组织的教育影响，促使受教育者产生内在的思想矛盾运动，以形成一定社会所期望的思想品德过程，也是人思想品德中的知、情、意、行诸要素矛盾的运动和转化过程。

思想政治理论课程教育以课堂教学为主要形式，对于大学生思想品德形成与发展的作用主要侧重于认知的环节。教师通过课堂讲授，向大学生传授社会所需要的思想观念、政治观点、道德规范，提高大学生的思想政治认知水平，帮助大学生树立正确世界观、人生观、价值观。认知是观念、情感以及行为形成的基础和内在动力，通过课程教学提高大学生的思想政治道德认识，使他们思想品德发展的情、意、行建立在可靠、坚实的科学基础之上。

辅导员工作面向大学生学习生活的方方面面，以组织开展各类实践活动为主要形式和载体，着力于通过引导学生知行结合、促进学生知行一致来促进和提高他们的思想品德素质，工作重点在于引导学生实现从认知到行为的转化，培养他们的品德践行能力。因此，辅导员工作注重实践活动的组织，在大学生获得相关知识的基础上，通过实践使他们获得思想政治行为的经验和富有感情色彩的体验，促使他们形成符合社会要求的思想政治信念。

大学生在思想品德发展过程中的知行一致是辅导员工作的关键环节，以实践活动为载体促进大学生把思想品德认知转化为行为和习惯，体现出辅导员工作与思想政治理论课程的承接，两者之间是一种相辅相成、前后贯通的关系。

（四）工作方法的借鉴性

思想政治教育的方法就是为了实现教育目标、传递教育内容，教育者对于受教育者采取的工作方法。从总的发展趋势上看，是一定的时代内容、理论内容、环境内容决定一切的方法。辅导员工作和思想政治理论课程教学在各自的教育实践过程中，都产生、发展和形成一定的教育方式方法。这些方式方法，无论是产生于课堂教学过程还是课外实践教育活动，都是一定时代的社会发展、理论创新所产生的，都服务于思想政治教育目标的实现，服务于思想政治教育内容的传递。因此，辅导员工作和思想政治理论课程教育的方式方法之间具有相似性和可借鉴性。在基本的原则与方法上，辅导员工作和思想政治理论课程教育都遵循马克思主义的方向性原则、教育对象的层次性原则和针对性原则，并坚持科学性与方向性相结合、理论与实际相结合、解决思想问题与解决实际问题相结合、教育与自我教育相结合等基本原则和方法。

随着实践发展和理论研究的深入，在辅导员工作领域和思想政治理论课程方面都会不断产生一些鲜明的体现时代气息的新方法，两者之间需要相互借鉴和吸取。在辅导员工作领域，信息化、网络化的社会发展趋势促成了网络思想政治教育实践的形成，产生了大量新的思想政治教育原则与方法。如线上线下相结合的思想政治教育原则、虚拟环境下形成的交流与沟通语言和方式、新信息传播技术时代思想政治信息传播方法等，这些新的原则与方法符合新时代大学生的接受心理，有利于促进大学生对思想政治教育信息内容的接受，因此思想政治理论课程教学要充分重视大学生思想心理特点和信息接收方式的改变，积极吸收网络思想政治教育的新方法，提高思想政治理论教学的实效性。

当然，思想政治理论课程教育中产生的一些新的认识和方法，要积极纳入辅导员工作的工作实践之中。如经济全球化带来的理论问题推动了社会思潮的研究和理论教育工作，同时也发展了面向世界和立足民族发展相统一的新原则；推动爱国主义教育在新形势下的创新与发展，促进了辅导员工作实践中教育方法的改进；加强大学生的全球视野和国际交流能力，促进大学生全面素质的提升和发展。

二、辅导员工作与思政课教学协同发展的对策

辅导员工作与思政课教学的协同发展，则是要利用双方优势，从理念、目标、内容、方法、管理、场域、机制等多个方面共同实现"立德树人"这一根本任务，同时实现自身的成长。

（一）理念协同

要实现辅导员工作与思政课教学的协同发展，前提是要求两支队伍能够达到理念协同。明确社会主义大学的根本任务和培养目标，以"培养什么样的人，怎样培养人"为出发点，全面考查两支队伍理念的同一性，夯实协同发展基础。根据对社会主义大学理念、任务和目标的认识。这个理念是指马列主义、科学发展观、习近平新时代中国特色社会主义思想，是不断培育和践行社会主义核心价值观，是培养中国特色社会主义事业的建设者和接班人。如果理念出现差异，那么两支队伍建立的协同基础就不牢靠，甚至会出现严重分歧。因此，统一两支队伍的思想理念、协作态度、认知方式等，是协同发展的首要前提，也是关键所在。

（二）目标协同

以学生成长成才需求为导向，确定"立德树人"这一个根本任务，达到目标协同。办好中国特色社会主义大学，要坚持立德树人，把培育和践行社会主义核心价值观融入教书育人全过程；要强化思想引领，牢牢把握高校意识形态工作领导权；要紧紧围绕理想信念、思想道德素质、科学文化素质、身体健康素质，协同两支队伍工作目标。"立德树人"不仅仅是一个理念，还是学校教育的"灵魂"与"指向"。所谓"十年树木，百年树人"，大学教育就是要把"立德树人"这一根本任务作为长期战略进行投入，挖掘两支队伍优势，不断加强和改进大学生思想政治教育。

（三）工作协同

搭建沟通平台，创新方法理念，解决两支队伍协同发展工作掣肘，达到工作协同。在当今时代，科学技术的飞跃发展造就了信息化社会的形成，网络则扮演了举足轻重的角色。利用好、发挥好网络优势是加强和改进大学生思想政治教育的重要手段。因此，两支队伍协同发展要着力于搭建网络沟通平台，突破传统意义上的讲授、书本等中介，占领网络主阵地，以满足形势需要。此外，在工作方法理念上，要真正做到"全员育人""全方位育人""全过程育人"以及"全要素育人"，明确细分"全员""全方位""全过程"以及"全要素"的内容和边界，从而覆盖学生成长成才各方面。

（四）场域协同

打通第一课堂和第二课堂教育壁垒，创建有弹性的协作工作模式，达到场域协同。所谓第一课堂是指思政教师以授课的形式对学生进行课堂教学，包括德育课程、基础课、专业课等。而第二课堂是在第一课堂规定的教学活动之外，有计划、有组织地开展一些具有教育意义的校园文化活动，第二课堂以多样性、活泼性、创新性、趣味性、知识性和思想性为主，突破第一课堂的约束性、强制性。具体来讲，当前第二课堂主要包括社会实践、讲座报告、特长竞赛、文化活动、志愿服务等多种类型。我们习惯上把第一课堂和第二课堂所形成的具有内在结构的统一体称为场域。

场域不同于所谓的环境，从社会学角度来说，场域内在结构包括权力结构、利益结构、主客结构等。两支队伍协同发展，很重要的一点是要尽量达到场域协同，即在第一课堂、第二课堂等形成过程中，明晰各自角色和职责内容，确定双方权益主体，并能逐步互通有无，发挥各自优势，协同教育内容和手段措施。

（五）机制协同

创设两支队伍协同发展领导、运行、管理、评价、监督、保障、激励机制，达到机制协同。完善领导机制，成立专门的领导小组，保障两支队伍协同发展的有效落实与实施；完善激励机制，增强两支队伍发展的协同性，使两支队伍有热情、高质量地参与到协同配合中来，有效地提高思想政治教育的质量和水平；完善保障机制，将各个部门都纳入两支队伍协同育人的渠道中来；建立完善的管理机制，在政策、经费等方面保证两支队伍协同发展的效果；建立专业教育与思想政治教育并重的考评机制，防止教学、科研出现不平衡；出台两支队伍双向兼岗等系列制度，实现两支队伍成员的交流"流动兼任"的人事安排；达到教育内容的交叉融合，实现"教辅结合"的教育效果；通过"合作载体"的支撑，搭建多种交流平台。

第二节　高校辅导员工作与班主任工作的协同发展

辅导员与班主任是高校教书育人的重要力量，因此加强辅导员与班主任之间的联系，形成良好的合作优势，能够促进高校的发展与学生个人的成长。

一、在工作体制机制上协调一致

高校辅导员队伍和班主任队伍是基层学生工作最为重要的两支力量，辅导员和班主任面向一个个学生集体并肩工作，共担责任，合作关系最为紧密，学校必须建立健全协调一致的工作体制和机制。

在领导体制上，校系两级的学生工作领导机构要把辅导员工作和班主任工作并列地纳入领导管理的职责范围，把辅导员队伍和班主任队伍的协调配合问题摆上议事日程，综合考虑两支队伍的配置和建设工作。例如，在学校层面的学生工作指导委员会，主管教学工作的副校长和主管学生工作的副书记都要作为委员会的负责人，要负责全校辅导员队伍和班主任队伍整体的协调配合；在院系一级，要明确由主管学生工作的副书记统一协调辅导员和班主任工作，定期举行班主任、辅导员联席例会，共同讨论学生中存在的思想、学习问题，协商教育对策与方法，采取协调一致的行动。

在管理制度上，要规定班主任的工作职责，做到班主任与辅导员分工有章可循，配合有据可依。高校应当制定辅导员、班主任具体职责和分工配合的制度。在班主任的职责规定中，除了教学管理事务之外，对于涉及学生日常教育管理方面的工作内容要有具体的阐述，例如，帮助生活困难的学生申请助学贷款和困难补助，参加学生学年评定和素质测评工作，配合学校开展本班学生的有关奖惩工作；指导学生开展各种有针对性的、适合学生特点的校园文化活动，督促学生参加体育锻炼，引导学生参加科技学术活动和社会实践活动；帮助学生适应大学生活，养成良好的生活习惯，促进学生文明宿舍建设；教育学生遵纪守法，举止文明，合理使用计算机和校园网络；等等。而对于与辅导员工作的配合要求，班主任应主动与年级辅导员和其他有关学生工作部门沟通信息，协助本年级辅导员开展学生的思想教育工作，从学习和生活上关心学生的成长，帮助学生克服困难，建立正确的世界观、人生观和价值观，树立正确的学习目标和远大理想。这些明确而具体的规章制度，对于班主任队伍和辅导员队伍在工作目标上的一致，对于两支队伍的协调配合的有效实施，具有重要的指导作用。

二、在学风建设工作中形成合力

良好的学风环境是大学生健康成长的重要保证，开展学风建设是高校学生工作的核心内容之一。班主任要在学风建设工作中发挥主导作用，辅导员要把树立优良学风作为开展思想教育、建设先进集体的主要落脚点之一，在集体建设中配合班主任加强学风建设。

学风建设首先需要加强教育引导。班主任要深入关注全班学生的学习目标、专业思想、学习动力以及学习方法等方面的问题。班主任都是学科专业教师，在课程教学和学术研究方面具有优势，一方面可以通过学风建设主题班会、专业参观调研、学习研究方法交流等方式开展普遍性工作，另一方面要抓住选课指导、听课检查、考前动员和考后总结等环节开展有针对性的工作。此外，班主任还可以吸引一部分学生参加到自己的学术科研工作中，通过专业实践培养学生的学习研究能力，带动整个班集体的学风氛围。辅导员要善于通过党团组织和集体活动等工作促进学风建设的加强。党团建设促进优秀集体的形成，为学风建设打下良好基础；党团员的模范带头作用是形成优良学风的重要因素。辅导员尤其要与班主任紧密配合，对于课程学习有困难、学习生活习惯不良的个别学生给予真切的关心，开展深入细致的教育引导。

学风建设同样需要严格管理。班主任要向学生宣讲学籍管理制度、选课制度、奖/助学金制度等学校的规定，在各个教学环节上进行严格的管理，培养学生正确的学习观念、端正的学习态度和良好的学习纪律。尤其是课堂学习秩序、考勤管理以及考试纪律等方面，班主任要发挥重要的管理者角色和作用。辅导员在工作中同样要遵循教育与管理相结合的重要原则，通过德育测评、各项评优争先活动等工作，明确建设优良学风的导向，促进学生知行一致。

三、在班级工作开展中相互配合

高校班主任和辅导员的工作任务和内容各有侧重、相互补充、相互衔接、相互影响，在辅导员工作中形成一个有机的整体。辅导员要充分重视班主任工作在学生学习指导和教务行政管理中渗透思想教育的重要性，同时也要充分发挥班主任对于学生集体开展思想教育活动的指导作用。班主任要主动了解班集体的工作计划，积极参与有关的党团组织活动和学生课外文化活动；要在学生集体与自己所在的教师集体之间承担纽带角色，联络院系教师走进学生生活和集体活动过程，开展教书育人的工作；要与辅导员一起分担与学生家长的联系工作，把接待家长来访和上门家访的情况及时与辅导员沟通，发挥家庭教育的配合作用。

四、建立共享协作的工作信息平台

高校班主任队伍与辅导员队伍协调配合的工作基础是学生工作信息资源的共建、共享。辅导员队伍在管理体制上属于党委领导，在工作过程中，自上而下的信息内容通常是党的政策、方针、路线，思想政治宣传教育理论，社会思潮与重大事件，形势政策与时事热点等方面；自下而上的信息内容侧重在党团组织生活、班集体干部队伍建设、日常的思想政治教育活动等途径获得的学生思想、学习以及生活方面的状况。班主任在管理体制上一般归属学校教务部门领导，在工作过程中，自上而下的信息内容主要包括学校的教育教学改革与发展，课程教务管理、学科建设与发展、学生全面素质的培养，学生生产实习、就业引导等方面；自下而上的信息内容侧重在学生的学习状况、家庭状况等方面。班主任与业务课程教育的接触和沟通较多，对于学科专业的发展、学生专业素质的培养等方面具有信息优势，而且班主任与家长的联系相对较多，对于学生的家庭情况、经济情况有着更多的了解。因此，班主任与辅导员在工作中协调配合，要非常注重经常性的信息沟通和交流。

在工作开展的过程中，班主任和辅导员要对每一位学生主动了解和认识，加强对学生生活、学习及其他各方面的信息收集，并将两方面了解到的情况汇总，掌握学生的全面信息。在此基础上，要建立统一的班级学生信息文档，并且动态完善，不因辅导员或班主任的人员变动而中断，以此作为开展辅导员工作和事务管理工作的依据，为共同做好学生工作打下坚实的基础。要建立定期的班主任、辅导员工作交流制度，通过工作例会、研讨会等方面交流和共享信息资源。在学生培养的一些重要环节上，更加需要班主任、辅导员一起协商配合，共享信息，开展好相关工作。如学生奖学金、助学金评定工作，推荐研究生工作等，这些培养环节对于学生非常重要，对于学生的发展能够产生重要影响。依据统一、完善的学生信息文档，班主任、辅导员可以密切合作，对学生的实际情况进行真实、全面、可靠的评价，对学生的发展提供全方位的指导和帮助。在学生工作中，个别学生出现的心理问题往往是非常棘手的问题。这类问题不仅仅是学习或者生活中某一个方面产生的，往往是学生的学习、人际交往、思想观念以及生活压力等综合因素造成的结果。班主任与辅导员必须针对学生的实际情况进行全面的信息掌握和综合分析，做到共同研究，共同采取工作，对学生的问题进行全面的解决。

第三节　高校辅导员工作与就业工作的协同发展

围绕就业工作的要求，首先要以理想信念教育为核心，深入进行正确的职业理想教育，从根本上引导大学生形成"爱国、成才、奉献"的职业生涯追求；结合学校人才培养全过程的各个环节，在辅导员工作活动中渗透择业、就业观念的教育，同时在学生毕业阶段，与学校就业工作机构、专职就业工作队伍协调配合，开展就业指导和服务工作。

一、把职业理想教育融入思想政治教育之中

职业理想教育的过程中会涉及很多问题，小到学生在树立职业理想过程中的困

惑和迷茫，大到学生的世界观、人生观、价值观、择业观等问题。要解决诸多问题，必须发挥思想政治教育独有的魅力、功能和作用。因此，有必要把职业理想教育融入思想政治教育当中，进一步加强思想政治教育。

（一）发挥思想政治教育的目标导向作用，确保大学生职业理想的正确方向

思想政治教育非常重要的作用就是按照社会的需求通过学校有意识、有计划、系统地帮助大学生树立正确的职业理想，提高大学生的思想道德素质和综合素质，促进大学生的全面发展。社会发展的需要是大学生职业理想的客观参照系，所以，思想政治教育能帮助大学生把握职业理想树立的方向，能将个人志向与社会需要和国家利益有机结合起来，能帮助大学生树立坚定而正确的政治方向，并将科学的理论与大学生的生活实践联系起来，培养大学生辩证地认识社会现实，在理想与现实的冲突中理性思考，用辩证的思维去对待各种政治思想和社会思潮，用科学的方法来分析和解决现实问题，树立科学的世界观、人生观、价值观和择业观。所以，要充分发挥高校思想政治教育对大学生思想观念的导向作用，使他们始终坚守正确的政治方向，把个人奋斗目标和职业理想与国家大业统一起来，与党和人民的事业联系起来，从而实现个人价值。

（二）深化思想政治教育内容，拓展大学生职业理想教育新途径

首先，充分挖掘思想政治理论课教学资源，将职业理想教育融入其中。

思想政治理论课教学作为高校思想政治教育的主渠道和主阵地，在帮助大学生树立正确的世界观、人生观和价值观方面发挥了重要的作用，是对学生进行职业理想教育的基本途径。当前，大学生处在思想活跃、观念新颖、思想开放、心理复杂、心情浮躁的时期，在思想意识层面存在许多不足，特别是对自己职业、工作、理想、价值等认识片面，在思想政治理论课教学中应坚持"贴近生活、贴近实际、贴近学生"的"三贴近"原则，精心设计教学内容和教学环节，紧密联系学生的思想实际，紧扣时代主题，切实解决学生的思想问题和实际问题。比如在思想道德修养与法律基础课中，加强爱国主义、理想信念和荣辱观教育，使之成为大学生开拓进取、拼搏奋进的强大精神支柱和不竭的动力源泉，引导学生将自己的人生价值和职业追求与国家的命运相结合，正确处理个人利益和集体利益的关系，自觉地、无条件地服从祖国需要，到祖国最需要的地方去建功立业，积极主动地投身改革开放和现代化建设。同时，还可以适当增加一些关于社会职业与青年择业等方面的内

容，加强职业道德教育、职业素养教育、职业精神教育等。在马克思主义哲学原理课教学中，让学生深刻认识到"人民群众是历史的创造者""劳动创造价值"的真理，从而培养学生热爱人民、热爱劳动的情感。通过讲授国内外形势，让学生了解中国国情，给学生分析当前严峻的就业形势，引导学生充分预计就业难度，认清择业的复杂性和多样性，树立危机意识和忧患意识，从而尽早对自己进行正确定位，充分做好职业准备，为树立正确职业理想坚定信心。另外，在思想政治理论课教学中通过创业教育、心理健康教育、法治教育等，解决学生的种种思想问题，提高学生的综合素质，帮助大学生树立正确的"三观"和择业观，增强使命感和责任感，职业理想教育与学生思想政治教育便可以在更大的范围内实现完美结合。这样做，不但不会冲淡思想政治理论课的教育功用，相反，通过教学帮助学生正确对待及解决一些他们的职业理想问题，是实现思想政治教育与社会实际、学生个体需求相契合，凸显思想政治教育价值关怀的重要维度。

其次，把职业理想教育融入各类社会实践活动中。

校内外各类实践活动是大学生成长成才的重要渠道和平台。这要求职业理想教育由封闭走向开放，尽可能地为大学生提供广阔的生活空间，有目的地组织和促成他们参加各种实践活动，通过参加实践活动，获得对各种职业要求的真实体验，在实践活动中生成和发展自己的职业理想。比如，通过组织校园文化活动，提高学生的职业素质，激发学生的学习积极性，培养学生的职业兴趣，为学生职业技能的锻炼和提高提供广阔的舞台。这样拓宽了培育人才的实践领域，形成了具有职业理想教育特色的校园文化。另外，组织学生走出校门更广泛地接触社会，了解社会，感知职业世界，对学生进行社会实践教育，是对学生进行职业理想教育的一种重要方式。可以通过社会调查、参加生产实践、公益劳动、社会服务和勤工助学等，使学生感受到未来职业的社会意义。事实证明，只有提供大量机会，让学生在实践中去领悟、体会和感受职业本身，才能让学生养成良好的职业习惯和高尚的职业道德，从而坚定职业理想。

最后，把职业理想教育融入学生生活和日常思想政治工作中。

将职业理想教育融入学生生活和日常思想政治工作的方方面面，在具体操作层面上，要求职业理想教育应有组织、有目的、有计划地进行，与对大学生的职业理想产生教育影响的一切活动密切结合起来。一方面，要动员社会广泛参与；另一方面，要使社会生活的方方面面都成为职业理想教育的载体。简言之就是要建立一个覆盖大学生生活全方位的职业理想教育的"教育场"，使职业理想教育"无时不在、无处不有"。大学生的生活分为七个层次：政治生活、学习生活、社会生活、职业生活、物质生活、精神生活和虚拟生活。职业理想教育应该贯穿于这些生活层次和结构中。比如，在日常思想政治工作中，建立与家长的联系制度，加强与家长的互动与配合。学生思想政治教育要取得更大的成效，往往需要家长的配合，职业理想教育要更好地发挥作用，同样需要家长的配合。在新生入学工作、毕业生工作、评奖评优、发展学生党员等日常思想政治工作中，实行有利于学生树立正确职业理想的措施。

二、就业指导、管理和服务中的协调配合

思想教育引导是高校学生就业工作的一项基础性工作，同时又体现在具体的就业指导、管理和服务之中。辅导员队伍要把就业教育引导工作展开于辅导员工作的全过程，而且要介入就业指导、管理和服务的工作环节，与学校专职就业工作队伍协调配合，共同做好毕业生的就业工作。

（一）建立协调配合的体制机制

辅导员队伍与专职就业工作队伍协调配合的前提是学生就业工作的领导体制。高校学生就业工作要形成学校统一领导、就业工作机构主管、学生工作系统与有关职能部门协同、全员参与的格局。校院（系）两级都要建立健全学生就业工作领导机构。在学校一级，学生工作部门与就业工作机构要建立联席会议制度，统一部署就业工作动员、毕业教育安排，定期通报就业工作态势，共同商讨推进工作的措施。在院系一级，可由主管学生工作的领导负责就业工作的协调，组织辅导员开展深入的就业指导和服务工作。

（二）加强就业工作培训

就业工作专业性、政策性强，辅导员进行就业指导、管理和服务必须掌握相关的专业知识，具备一定的政策水平和实际经验。学校就业工作机构要与学生工作部门配合，加强辅导员的就业工作培训，制订计划，明确要求，不断提高辅导员开展就业指导的水平。通过培训，辅导员一要深入理解国家就业工作的方针政策，及时了解就业形势的动态；二要熟知学校就业工作的指导思想、就业工作的计划和流程、就业管理的规定和办法；三要掌握指导学生进行职业生涯规划的原则和方法、应聘面试的常识准备和基本技巧、开展就业心理辅导的知识和方法。

（三）落实重点引导和个别人工作

辅导员了解学生所在院系的专业特点和行业需求，要全力做好引导毕业生选择

国家建设和发展的重点地区、重点行业和重点单位就业的工作。在辅导员工作中，开展鼓励"到祖国最需要的地方建功立业"的教育活动；在一般的社会实践活动中，组织好学生到与本专业相关的重点单位开展择业、就业实践活动，让大学生深入了解这些用人单位在国家发展建设中的重要作用，实地体验这些用人单位施展才华的宽广舞台；在就业指导工作中，积极推荐优秀毕业生，协助学校就业工作机构组织好重点用人单位的校园招聘活动。

辅导员扎根于学生当中，了解每位毕业生的情况，更容易发现学生在就业当中存在的问题，从而会有针对性地做好个别学生的就业工作。对于就业有困难的学生，特别是家庭经济困难的"双困生"，可联合学校就业管理部门、院系导师共同应对，根据需要提供必要的经济支持，并积极向用人单位推荐；对于存在就业心理障碍的学生，应及时发现，并进行一对一的个别辅导，必要时可求助于学校就业中心和心理咨询中心等专业部门。

第四节　高校辅导员工作与心理咨询工作的协同发展

中国高校的心理咨询工作队伍从形成、建立之初起，就与学生工作系统有着十分密切的关系。相当多的心理咨询工作人员都有思想政治教育工作的背景，高校的心理咨询机构从属于学生工作体系。辅导员队伍立足学生工作的基层，深入在广大学生之中，直接面对着大学生的思想、心理上的各种实际问题，因此，对于开展大学生心理健康教育、做好心理咨询工作，具有不可替代的作用。辅导员队伍与专职心理咨询工作队伍必须加强协调配合。

一、加强体制机制的建设

高校要建设一支以专职建设为骨干，专兼结合、专业互补、相对稳定、素质较高的大学生心理健康教育和心理咨询工作队伍；专职人员原则上要纳入大学生思想政治教育队伍序列。按照这种要求，辅导员队伍和专职心理咨询工作队伍可以从工作配合、队伍建设两方面得到体制机制的保证。高校要把学生心理健康教育工作纳入学校学生工作指导委员会等校级机构统一领导和管理，也可专门设立具有统筹协调功能的领导机构，形成以面向全体学生为主要目标，以学生日常教育和管理为基本渠道，专职心理咨询工作队伍和辅导员队伍密切配合，开展心理健康教育、做好心理咨询工作的格局。

在学校学生工作或心理健康教育专门机构的统一领导和管理下，要建立校、院系、学生志愿者队伍三级工作网络，建立经常性的心理健康教育、按需进行心理咨询、个别学生危机干预的三层次工作模式，健全学校心理咨询机构与学生工作部门沟通信息、畅通渠道、协调队伍的工作制度。特别是要努力构建和完善大学生心理问题高危人群预警机制，做到心理问题及早发现、及时预防、有效干预，建立咨询教师值班制，建立从学生骨干、辅导员、班主任到院系、部门、学校的快速反应机制，建立从心理健康教育机构到学校医院、专业精神卫生机构的快速干预通道。

二、加强两支队伍的协调配合

心理咨询员是大学生心理健康教育工作的实施骨干和专业指导者，在三层次工作模式中都要发挥专家作用。要积极投入心理健康教育教学工作，着重于发展性内容的课程建设，充分发挥课内课外两个课堂的教育作用。要通过个别咨询、团体咨询、电话咨询、网络咨询、书信咨询、班级辅导、心理行为训练等多种形式，为大学生提供及时、有效、高质量的心理健康指导和服务。同时，要了解大学生日常思想教育的工作计划和活动规律，熟悉教务管理和生活管理的制度规定。要全面研究大学生思想、心理的新情况、新问题，积极探索心理咨询本土化的理论和方法，不断提高心理咨询工作的水平。要采取讲座、沙龙等形式经常对辅导员进行心理咨询工作的培训。

辅导员队伍工作在大学生思想政治教育的第一线，在思想、学习、生活各方面负有指导学生、关心学生的职责，在心理健康教育三层次工作模式中都要发挥重要作用。首先要加强基层集体的建设，形成有利于学生心理健康的人际环境；开展深入细致的谈心活动，帮助学生解疑释惑，缓解各种实际问题造成的压力。要配合心理咨询机构组织好心理健康教育宣传活动和心理训练活动，协助心理咨询员开展学生心理健康状况摸排工作。要配合心理咨询员做好学生志愿者社团协会的指导工作，在年级、班级中可以设立学生心理委员。要重点关注新生、应届毕业生、家庭贫困学生，特别是学习困难学生、失恋学生、违纪学生、言行异常学生的思想心理状况，主动、积极地配合心理咨询机构开展工作。

三、加强辅导员队伍的专业培训

心理咨询建立在心理学理论和实验的基础之上，方法的系统性、操作性较强。辅导员要参与大学生心理健康教育，介入心理咨询工作，必须加强专业知识的培训，具备一定的能力。辅导员首先要从思想政治教育与心理健康教育的关系上提升对于心理健康理论、心理咨询方法的认识，完善自己的专业知识结构；在理解大学生心理品质培养的共性要求的同时，着重掌握人的个性心理素质的特点，大学生个性发展的规律和指导、培养方法；在一般的心理健康知识培训基础上，还应该学习危机管理的知识，掌握在各种校园危机事件过程中进行心理辅导的基本方法。

在思想政治教育工作与心理咨询工作结合进行的实际中，辅导员必须提高相应的工作能力。大体上说，一是在个别思想政治教育工作中结合心理疏导的能力，与学生的思想交流要设身处地、将心比心，无论批评、表扬都要理顺情绪，诚悦服人，善于劝说，善于开导。二是为学生发展性问题提供一定辅导的能力，对于学生在政治进步、学业成长、参加课外活动、择业就业、交友恋爱等实际问题中的困惑、迷茫，思想引导要结合心理辅导，要善于鼓舞信心、激励意志，善于启发学生自身的积极因素，更要努力为学生的具体问题提出指导性的建议和意见。三是对于思想问题与心理问题的分辨能力，什么是思想认识、价值观念、思维方式问题，什么是心理失调、心理障碍、心理疾病问题，要有正确的区分、尺度的把握；什么问题应该分清是非、加以教育，什么问题需要心理辅导甚至心理治疗，不能混为一谈，而要能区别对待，或能协助专业人员准确鉴别。四是对于学生心理问题选择处理方法的能力，要通过学习培训和经验积累，掌握心理问题的一般发展形态，懂得心理危机风险的常识，能配合心理咨询员做好约谈咨询工作，能配合学校努力做好具有危机可能的学生的预防、发现、监管、转介以及学生家长的工作。

在推进高校辅导员队伍专业化建设的过程中，一批高校辅导员通过系统的心理咨询与发展辅导的专业培训，取得了相应的专业证书，直接参加到学校的心理咨询工作之中。辅导员开展思想政治教育同时从事心理咨询，就具有了双重身份，如果面对辅导员职责范围内的学生，那么辅导员在咨询时就与学生具有了双重关系。一方面，辅导员的这种双重关系在处理某些心理咨询问题时，可能是具有优势的，例如容易发现潜在的咨询者，鼓励他们接受咨询，又如对于人际关系问题，心理咨询辅导员不仅可以调整当事人的认知和行为，还能够通过思想政治教育的方法改变相关人的认知和行为。但是另一方面，由于辅导员不仅在当前与学生具有现实的社会关系，而且将与学生保持长期的交往与联系，对于某些私密性、个人化的咨询问题，学生可能会缺乏安全感，咨询效果不好。在这种情况下，辅导员须及时予以转介。辅导员在进行大学生心理咨询时，要严格遵循学生自愿求访或自愿接受约谈的原则，强化思想教育谈心活动与心理咨询面谈环节的区别意识，按照心理咨询的专业规范开展工作；要遵循心理咨询专业的伦理要求，把握保密性的原则，培养良好的心理咨询工作者的职业道德；要尊重和维护学生咨询对象合理、正当的个人权益，强化对咨询对象个人负责的责任意识，妥善处理好心理咨询中涉及个人利益与社会利益关系的问题。辅导员从事心理咨询工作，一定要不断提高心理咨询专业水平。辅导员的学科背景通常不是来自心理学专业，往往是后期通过培训才获得心理咨询的相关资质。在日常的工作中，由于辅导员思想政治教育工作比较繁忙，心理咨询的专业水平的提高通常会遇到很多现实的困难，因此需要不断加强心理咨询培训和督导。

第四章 高校辅导员专业化发展概述

第一节　专业、专业化与辅导员专业化

20 世纪 60 年代以后，教师专业化成为一种强劲的思想浪潮，极大地推动了许多教师教育新理念和新制度的建立。高校辅导员作为高校教师队伍中的一个重要组成部分，同样也要迎合教师专业化的潮流。当前伴随着现代大学制度理念和实践的逐步深入，高校辅导员队伍建设由此也进入了一个"专业主义"的新阶段。

一、专业

职业生活是当今人类社会最基本、最重要的一种生存状态。在当代人类社会的众多纽带中，业缘关系的重要性在所有社会关系中的地位日益突出，取代了传统的血缘关系和地缘关系的重要性，占据人际社会关系的主导地位。专业现象在英、美、法、德等国家已被关注了一百多年，作为社会学的一个分支学科，专业社会学在西方国家也已有很多年的发展史。现代社会是专业分工越来越细化的社会，在这一社会发展趋势的作用下，教育行业包括高等教育行业，正处于专业不断细化的过程中。

（一）专业的含义

从词源和语义学角度看，"专业"一词最早是从拉丁语演化而来，原意是公开地表达自己的观点或信仰。

仅从词源和语义学角度不能揭示专业的内涵与本质。《汉语大词典》中关于"专业"的解释是：高等学校的一个系里或中等专业学校里，根据科学分工或生产部门的分工把学业分成的门类；产业部门中根据产品生产的不同过程而分成的各业务部门；专门从事某种工作或职业的。可见，专业这个概念跨越了教育学和社会学两大学科领域，对专业概念的理解必然要同时兼顾教育学和社会学的双重视角。教育学范畴中的"专业"，总体是指高等教育根据社会分工需要而设置的学科门类。一个专业的设置就是组织一整套学科，以此培养一种专门人才，并使他们以后能够从事相关的专门性工作的特殊活动。显然，教育学意义上的专业概念并非能涵盖本书中所涉及的"专业化发展"中"专业"的完整内涵，如果要精确、完整地理解"专业"，还需要转换到另外一个更广阔的视角，在社会学的范畴下，进一步考察"专业"的本质属性。本书主要从社会学角度对"专业"进行探讨。

社会学语境下的"专业"更对应于英文中的"profession"。因为，"profession"

在《朗文当代英语词典》中的解释主要有：需要大量训练和专门学习的职业或者行业；同业，同行，某一职业或领域内有资格的人的整体。同样"profession"在《牛津现代高级英汉双解词典》中的解释是：尤指涉及先进知识或学科的职业或行业。

在社会学领域中，"专业"作为一种社会现象，在英、美等国家已经被关注了一个多世纪。较早系统地对"专业"问题进行研究的是英国著名社会学家卡尔·桑德斯（A. M. Carr-saunders），他认为专业是指一群人在从事一种需要专门技术的职业，是一种需要特殊智力来培养和完成的职业，其目的在于提供专门性社会服务。

目前在社会学领域，引用最频繁的对"专业"的经典定义，来自美国社会学家布朗德士（Brandeis）1933年对专业概念做出的描述：专业是一个正式的职业，为了从事这一职业，上岗前的训练是必要的，包括知识和某些扩充的学问，它们不同于纯粹的技能，专业主要供人从事于为他人服务而不是从业者单纯的谋生工具。

我国学者刘捷认为专业是一群人经过专门教育训练、具有较高深和独特的专门知识与技术，按照一定专业标准进行专门化处理活动的专门职业。周倩认为专业是指由高深知能专长的人群所从事的，依托独立行业组织和伦理规范，执业行为受国家特定法律保护的专门性职业。

综上所述，专业是一个富有历史、文化含义而又变化的概念，学术界对专业的界定并未形成一致的观点。本书赞同陈奕的观点，认为专业是"指接受了专门培训并掌握了专门技术的人们所从事的具有很高职业道德要求和专业自主权，能为社会提供其他职业无法取代的专门性服务的职业"。该定义在理解上突出强调四点：一是强调专业是一门职业；二是强调了从事专业的人们必须接受专业训练，掌握专门技术，意味着并非人人都能从事专业；三是强调了人们所从事的这一职业具有很高的职业道德和职业自主权，不受行业外的影响；四是强调了该职业必须能为社会提供其他职业所无法取代的专门性的服务。

（二）专业标准

社会生活中的各个领域都应该有自己的标准。标准（criteria）是衡量事物的准则，标准的建立就是为了克服团体生活中无标准的任意性，以此减少冲突，提高效率。关于"专业标准"问题，国内外许多学者在自己的学术研究中都曾有过相关论述，名称不一，有的称"专业标准"，有的称"专业特征"，有的则称"专业层面"。

1948年，美国全国教育协会（National Education Association）强调专业应符

合以下八点标准要求：属于高度的心智活动；具有特殊的知识领域；受过专门的职业训练；经常不断地在职进修；把工作视为终身从事的事业；行业内部自主制定规范标准；以服务社会为最高目标；设有健全的专业组织。

1956 年，李伯曼（M. Liberman）在《教育专业》（Education as a Profession）一书中提出专业工作具有以下特征：范围明确，垄断地从事于社会不可缺少的工作；运用高度的理智性技术；需要长期的专业教育；从事者无论个人、集体，均具有广泛的自律性；在专业的自律性范围内，直接负有作出判断、采取行为的责任；非营利，以服务为动机；形成了综合性的自治组织；拥有应用方式具体化了的伦理纲领。

1968 年，班克斯（O. Bawks）在《教育社会学》中认为专业的标准有六项：须有长期的专业训练；有确定的知识领域；具有伦理规范；强调服务重于利益；具有专业资格的限制；具有相当的自主权。

1969 年，霍勒（E. Hoyle）在《教师的角色》一书中，也指出专业的标准有六项：履行重要的社会服务；系统的知识；长时间的理论与实际训练；高度的自主性；团体的伦理规范；经常性的在职教育。

1980 年，豪勒（Hauler）研究了 17 种职业，总结了专业化过程广泛存在的14 个特点：清楚地定义专业的功能、掌握理论知识、解决问题的能力、实际知识的运用、为维护前途而进行超越专业的自我提高、在基本知识和技术方面的正规教育、对能胜任实践工作的人授予证书或其他称号、专业亚文化群的创建、用法律手段强化专业特权、公众承认的独特作用、处理道德问题的道德实践和程序、对不符合标准的行为的惩处、与其他职业的关系、对用户服务的关系。

我国学者马信行认为专业的五个层面：运用专门知识、提供专业服务、具有专业自主、接受专业教育、信守专业道德。

我国学者叶澜从教育学与社会学的交叉点上，结合中国国情和独特的汉语言表达方式，简洁地总结归纳了专业的三条标准：作为专业的职业实践必须有专业理论知识做依据，有专门的技能做保证；作为专业的职业，承担着重要的社会责任，有较高的职业道德要求；作为专业的职业，在本行业内具有专业性的自主权（如医生的处方权），不受专业外的影响。

我国专业社会学学者赵康博士在布朗德士经典描述的基础上，提出成熟专业的六条标准：是一个正式的全日制职业；拥有专业组织和伦理法规；拥有一个包含着深奥知识和技能的科学知识体系，以及传授与获得这些知识和技能的完善的教育和训练机制；具有极大的社会效益和经济效益；获得国家特许的市场保护；具有高度自治的特点。

通过对上述各种观点的分析和比较，可以这样认为，当人们在讨论专业的标准问题时，实质上就是讨论一个职业是否已达成一个成熟专业的身份的认定问题。在看待专业的标准问题时，应该看到完全认同一致的专业概念与标准是不存在的。学者们对于专业标准达成共识的部分主要是：特定领域的高深知识与技能；系统的教育与培训；共同的道德准则或者伦理规范；同业人员建立的专业组织；服务定向等。同时应该注意到专业标准的建立应呼应时代的诉求。随着人们对专业属性的不断思考，专业的标准逐渐从简单向复杂运动，这一变化表明了人们对专业属性认识上的变化。反之，如果对专业客观性、标准化特性保持一成不变的认识，可能会导致对专业自身发展诉求的漠视。在专业化成为社会的一种潮流时，建立具有现实指导意义的专业标准是社会进步与发展的时代诉求。因而，建立成熟专业的判断标准不仅要针对已经取得垄断地位的典型专业，更要面向社会即将出现的新专业。就这一点而言，专业的判断标准应体现出一定的指导性、操作性和现实性。

基于这样的思路和认识，判断一个职业是否趋向成熟的专业标准有六个方面：

一是专业知能。在判断一个专业是否成熟的各项标准中，首先需要具有完善的专门的理论知识和技能体系，简称专业知能。其他标准都是由它派生而来并依赖于它而存在。在专业问题范围内，有明显的内行和外行的区别。职业成员拥有相当程度的专门化知识和技能，能在特定的专业情景中解决特定的专业问题，问题解决的能力与素质具有职业的不可替代性，因而使本职业具有其他职业所不能替代的社会价值和个人价值。

二是专业训练。一个成熟专业一定具有一个经过界定且实用的知识和技能的科学体系，这一科学知识体系能够通过一个教育和培训的机制与过程传授和获得。这一点是专业有别于一般性职业的最显著特征。专业都有特定的教育和培训机构为本行业提供合格的从业者，从业人员需要接受较长时间的专业培训，通过专业训练以获得专业知能，是一个长时间的过程。

三是专业道德。一个成熟专业会利用道德的约束力来提升从业者精神境界，提高行业声誉。法国思想家、社会学家雅克·德里达（Jacque Derrida）认为"profession"这个词不仅仅是"专业"与"志业"的意思，而且更有"专业信仰"的含义，是一种诺言，一种责任。专业强调服务理念和职业伦理，是该职业群体成员一致认可的为更好地履行职业责任、满足社会需要、维护职业声誉而制定的自我约束行为规范和伦理标准。服务社会是专业活动的最高利益和职业宗旨。正如加勒西契认为的，"专业承诺通过有效的内部治理和伦理、诚实的职业实践，服务于它们的对象和其本身置于其中的社会，保护对象和社会的利益和福利"。为了实现这样一种利他服务，专业道德往往会建立起一套一致认可的伦理标准。

四是专业组织。一种工作是否专业，也可以从是否形成坚强的专业组织上来看。专业组织是由专业人员发起的诸如协会、学会、联合会这类设定入会资格的民间组织。由于专业活动所依赖的专业知识是专业内的知识，因此只有业内人员才有能力对业内的事务做出专业的判断和裁决，如审核执业者的资格与能力，判断执业者的专业水平与品行等。为此，作为一种专业必须有自己的专业组织，这类专业组织可以发起或资助有关的研究发展活动、出版专业性刊物以及鼓励技术交流等，并通过积极努力工作去影响国家，以形成往往包括了一个特许市场保护在内、规范专业实践的法律和法规，从而起到保证专业权限、保证专业水准、提升专业地位的作用。

五是专业自治。专业组织的建立使得专业自治成为可能。当一个专业能满足一种重要的社会需求，这个专业就处于一个相对强势的社会地位。此时，它的科学知识体系已经高度专门化而深奥复杂，以至外行不能挑战专业人员的技术判断，自治就成为可能。自治专业的成员不受外行的评判和控制，他们自己决定进入该职业所需的教育和培训标准，他们长期致力于保护和培养专业人员，积极推进专业服务的标准化，力求保障服务对象和公众的利益，不仅如此，专业组织在孕育和维护一个有利于特定专业发展的社会意识形态方面扮演了关键角色，并在促进国家制定特定专业的法律保护方面发挥着重要的作用。

六是专业地位。专业的运作应该给社会带来明显的经济效益或社会效益。当专业的运作带来可观的经济效益或社会效益时，社会及专业为之服务的对象就会认可该专业的社会角色、身份和行为规范，赋予该专业较高的社会地位。社会地位通常是指社会成员基于社会属性的差别而在社会关系中的相对位置及其围绕这一位置所形成的权利和义务关系，一般由社会规范、法律和习俗限定。一般而言，专业性越强的职业，任职者素质越高，社会地位也越高。

（三）专业的产生与发展

众所周知，最早的专业产生于中世纪的欧洲，其产生原因主要基于以下几个方面。

第一，社会分工、职业分化直接导致了专业的产生。专业的产生是人类认识自然和认识社会达到一定深度的表现。埃米尔·涂尔干认为，如果我们撇开由时间和存在条件决定的各种分工形式不谈，还会看到一个普遍事实：随着历史的不断进步，分工也相应地发展起来。社会分工就是把社会活动分成既相互独立又相互依存的若干领域，然后把社会成员分配到不同的领域中去，从而开展既复杂多样又内在统一的社会活动。

第二，高等教育机构的诞生为专业的产生提供了条件。从专门性职业诞生的过程看，职业知识只有进入大学才能获得更高的专业地位和声誉。随着文艺复兴运动和宗教改革的兴起，欧洲社会的政治、经济和文化发生了剧烈的变化，催生了人类历史上的高等教育机构——大学，并为当时的社会提供法律、宗教、文学、医学等方面的专门知识。这些专门知识在当时的社会有着各自对应的行业和职业，大学的出现使得这些职业从一般职业成为专门性职业。在著名社会学家、美国人文与科学研究院院士兰德尔·柯林斯（Randall Collins）看来，专业离不开强有力的法人资格和职业界限，这种资格和界限是通过颁发证书和垄断开业条件的正规教育而得以强化的。职业（专业）的成长和学科知识的分化催生了大学的出现，同时大学对专业的接纳、组织、研究又会不断促使新专业的产生。

第三，学科知识的分化与专门化加速了专业的形成和发展。伯顿·克拉克指出，"最早的欧洲大学正是一小批师生出于满足，将法律、医学、神学和其他领域的思想，加以分化和系统化这一外部的和内部的需要而创办的"。作为职业性机构，中世纪大学为了满足当时的社会需要，在课程中设置了部分实用性课程。出于职业培训的需要，大学学科知识的不断分化加剧了社会职业领域的分化程度。到了中世纪后期，不仅与行会、教会、封建统治有关的实用知识在不断地分化与专门化，而且人文学科知识也在走向专门化，这种专门化的过程在文艺复兴以后更加明显。随着各种学科知识的逐渐专门化，这一时期社会职业分工变得越来越细，走向专业化的职业在数量上迅速增多起来。

尽管中世纪的专业更多的是个体身份的象征，但承载特定的"专业"意蕴的职业直到18世纪到19世纪才真正开始。当资本主义工业化的职业结构在19世纪的英国和稍后的美国进一步发展时，重组或新形成的中产阶级职业经过不懈努力取得了"专业"的称号。这一称号，一方面和传统的绅士身份联系在一起，是一种权威的代表；另一方面，它的利他主义和知识化的内涵使得从业者在劳动市场竞争中受到合法化保护，由此"专业时代"开始到来。进入20世纪以后，专业人员的数量和称为专业的职业同步增长。对此情景，英国学者沃金斯等人作了一个恰当的注释，"从历史发展的角度，我们看到了一个专业的发展序列：传统的专业由于不断分裂在数量上增长，同时，通过一个专门化过程或响应商业、社会价值和技术进步的变化，新的专业不断出现"。

（四）专业与职业

专业与职业既相联系，又相区别。联系在于二者都基于社会分工，具有稳定性，都能够为从业人员带来收入。职业是专业的基础阶段，对各种职业来说，随着社会的进步与发展，完全都有可能存在着寻求专业地位的一般趋势。专业是社会分工、职业分化的结果，是社会进步的一种表现形式，是人类认识自然和社会达到一定深度的表现。专业不是独立于职业之外的另一种名称，而是职业发展的高级阶段和成熟阶段。

专业与职业之间存在着明显的区别，具体表现在以下方面：一是知识起点不同。专业特指那些知识含量很高的特殊职业，它需要深奥的知识和复杂的技能。而职业无须以高深知识作为基础，可按照例规行事。二是从业资格不同。专业人员需要接受长时间的专业化训练，一般以是否接受过高等专门教育为标志。这说明专业的从业资格不易获得。而职业并不一定要求长时间的专门训练，职业技能主要通过个人体验和经验的积累或短期的学徒培训来获得，相比之下，从业资格容易获得。三是社会声望不同。专业更多地提供一种独特、明确、必要的社会服务与奉献，从业人员把工作看作是一种事业，在自主的范畴内对自己的行为与判断负责任，具有较高的职业声望，处于社会上层。而职业的从业人员仅仅把工作当作是一种谋生的手段，在社会职业的声望的排位中处于中下层。四是创新程度不同。专业是以高深知识为基础，在高层次的知识领域中许多知识处于学科前沿，需要不断向未知领域扩大、深化。而职业更多地体现为工匠式的特点，一旦掌握，即可不断重复，无须创新。

二、专业化

"专业化"不同于"专业"，但又与"专业"密不可分。专业之所以能够成为专业而不同于一般职业，在于它们非同寻常的深奥知识和复杂技能，形成了一个科学的知识体系。这一知识体系包含的深奥知识和复杂技能可能导致一个国家鼓励或制裁的行为，给合格的职业提供市场保护，禁止和惩罚没有资格的人员从事需要国家特许的职业，由此带来专业的市场垄断性。"专业化"这一术语，正是伴随着专业的这一特性而来。

（一）专业化的内涵

在《辞海》的解释中，"化"包含了动态的过程和静态的性质两层含义，即某一事物变成某种性质或状态的过程和该事物的性质、状态处于应有的水平。按照这样的字面理解，专业化至少也应包含动态和静态的两层含义：一是指一个普通职业逐渐成为由经过专门的培养和训练的群体从事的，具有较高深的、独特的专门知识和技术，按照一定的专业标准进行活动并对促进社会发展有益的专门职业的过程。二是指一个职业群体在专业化的发展进程中，其专业性质和发展状况处于什么状态和水平。在现实和本研究中，更侧重于动态的专业化内涵理解。

冯刚认为专业化是社会分工的结果，主要针对从事一项工作应该具备的职业素养和职业技能而言。所谓"专业化"，是指某项工作由经过专门培训的专业人员专门从事，并且不断提高的一个过程。

杨兴防认为专业化是"根据一定专业的特点和标准，来要求和规范一个普通职业全体，要求这个职业全体不断提高从业能力，并争取专业地位，使其所从事的行业成为一种专门职业的过程"。

本研究倾向于周倩的观点：专业化是指一个职业逐步发展成为成熟专业的社会过程或者状态。在形成过程中，专业的发展受到国家政府、社会市场、高校学科性专业和专业活动群体的共同影响和驱动，从业人员能够接受不断的专业培训或者教育，拥有专业知能，形成共同遵守的专业规范，正常活动受到社会的认可和国家法律的保护，职业的性质开始发生变化，由"出现的职业""半专业""形成的专业"和"初级专业"逐步发展成为"成熟专业"。对于这个概念可以从以下几个方面来理解：

第一，过程性。在社会学中，弗雷德逊（Freidson）指出："专业化可以被界定为一个过程，在这一过程中，一个组织起来的职业，通常需要专门、深奥的知识和才能以保证工作的质量和对社会的福利，获得履行它的特定工作的排他性权利，控制训练的标准和实施对其成员的培训，同时，有权评估和决定工作如何进行。"学者赵康也认为，专业化是一个社会过程，在这一过程中，在"国家""社会""大学"和"活动本身"四个实体要素间错综复杂的互动作用驱使下，一个具有潜在价值、确定的人类活动发展成长，经由"次级专长""准职业""形成的职业""出现的专业"阶段，最终达成"成熟专业"的身份。可见，专业化是一个复杂的、社会性的发展过程。

第二，渐进性。专业化通常以成熟专业标准来界定，要达到这些标准，都要经历一个漫长的过程。在专业化的过程中，由于受到各种社会因素，诸如政治、经济、文化等影响，需要经历较长的发展过程和多个状态阶段。因此，专业化具有渐进性的特征。不仅如此，还应该看到，除了状态阶段的不同，在每一个发展阶段上，不同职业的专业化也存在着程度的不同，程度较低的专业会向程度较高的专业逐渐演进。专业的这种渐进性表明了专业化需要在一定的时间内，从低级状态逐渐向高级状态过渡。

第三，受约性。国家、社会、知识和专业活动性影响和制约着专业的发展。专业的发展不仅取决于专业内部，更受到国家、历史、文化、科学等社会因素的密切影响。客观现实也证明，专业的发展实际上是各种社会因素错综复杂的互动作用的结果，社会环境因素和社会组织结构变化结果从根本上影响着和制约着专业化的进程。这种来自专业外部的社会制约和影响往往会加速、控制或延缓一个职业的专业化进程。

第四，程度性。组织社会学认为，工作的专门化可以让从业者重复同样的工作而熟能生巧，并提高生产力，因而它用专业化来描述组织内工作被细分的程度。在这个意义上，专业化可以被理解为一个程度，一个组织内工作被分工的程度。程度表明了职业专业化的性质与水平。它的高低取决于学科的专业化程度、从业人员专业知能的程度、专业地位和专业自治水平的程度等。因此，职业群体的资历证明、学历证书、资格证书、专业组织、专业伦理规范和规章制度、专业保护法等各种显性表征，便成为专业化程度的显著标志。

（二）专业化的标准

从专业化的内涵分析中，可以看到专业化是一个由非专业向准专业、由准专业向完全专业转变的过程，也是职业人不断完善自身专业素质和对专业结构进行更新、演进的过程。"专业化"的界定，需要根据以下几个标准来判断：有专业理论知识做依据，有专门的技能做保证，从业人员有在本领域进行研究的能力；承担着重要的社会责任，从业人员有较高的职业道德要求；在本行业内具有专业性的自主权；自身已经发展到一定的程度，确立了一套较为完整的制度，被社会需要和认同，获得了相应的专业地位；有法律、法规或政策对专业边界进行保护。

三、高校辅导员的专业化

对于我国高校辅导员专业化，不同的人持有不同的看法。目前对辅导员是一种职业的观点已经没有任何的异议，但对辅导员这个职业是普通职业还是专门职业仍存在不同的看法，相当多的人长期以来都认为，辅导员是一个普通职业而非专业。在他们眼里，辅导员具有很强的可替代性，无须专业的技能支持，更无法成为一门专门的学科。在他们眼里，人人都能做辅导员，辅导员工作只是一种需要一定的熟练程度，而不需要在专业知识学习上投入太多精力的职业。对于这一认识上的误区，应该先明确高校辅导员专业化的内涵。

（一）高校辅导员专业化的内涵

高校辅导员作为高校教师队伍中的一个重要组成部分，隶属于教师范畴中的思政教师系列，而非单纯的行政人员，这一认识已经得到共识，辅导员同样要迎合教师专业化的潮流。目前我国的学生工作者作为一种职业，离成熟的专业还有很大的差距，其从业人员，即辅导员的专业化程度远不能满足学生工作专业化的需要，辅导员专业还是一个发展中的专业，辅导员专业化还是一个发展中的概念。本文所指的专业化，不是单纯的狭义上的专业化，即辅导员要成为以学生思想政治工作为职业的专业型人才；也不是让辅导员专门从事行政工作，无谓地提高辅导员队伍的学历门槛，而放弃学术钻研；而是真正做到辅导员专业水平的提高，充分实现专业化细分。对于这样一个新的概念，可以从辅导员群体和辅导员个体两个层面上对辅导员专业化加以分析。

辅导员个体专业化是辅导员群体专业化的基础和源泉，是辅导员专业化的根本方面。辅导员个体的专业化，实质上就是指辅导员个体在整个专业生涯中，依托专业组织，通过接受职前、入职、在职的专业培养与训练，掌握辅导员必备的专业知识与技能，并以对本职工作热爱、创新和研究获得应有的社会地位和学术地位的过程和状态。辅导员在个体专业化的发展过程中，不断促进了辅导员群体专业化的发展。而高校辅导员群体的专业化，则是指高校辅导员这一特定的职业，经过不断的专业化建设，日益体现出专业特性，发挥其他职业所无法替代的社会功能，逐渐成为一项专门职业的过程和状态。

总之，辅导员专业化既是一个持续不断的过程，又是一个不断深化的过程。辅导员群体专业化与辅导员个体专业化相互促进，互为补充，是辅导员专业化不可分割、密切联系的两个组成部分，共同构成了辅导员专业化发展的总体内涵。辅导员群体的专业化为辅导员个体的专业化发展提供了现实平台，而辅导员个体的专业化发展又为实现辅导员群体专业化提供人力资源基础和可持续发展保证。因此，在辅导员队伍建设过程中，不仅要重视辅导员群体的专业化策略，更要重视辅导员个体的专业化指导；既要重视专业学科知识的凝练和传播，又要形成有效的机制，指导辅导员从个体的被动专业化实现主动专业化。

由此可见，辅导员专业化在本质上强调的是成长和发展历程。需要特别指出的是，无论是辅导员个体还是辅导员队伍整体的专业化，既是一个动态的建设、发展、趋近专业化的过程，又是一个现实静态的所达到专业化程度的状态，二者相辅相成。

（二）高校辅导员专业化的特殊性

高校辅导员专业相对于其他社会专业和高校其他管理专业有其特殊性，这主要是由高校辅导员专业的目标、知识、活动、功能和服务对象的特殊性所决定的。

第一，目标任务的特殊性。现代高等教育已经形成了包括个人价值、文化价值、社会价值在内的多种价值体系。其中社会本位为主的价值观是将高等教育利于社会、国家发展的价值置于首位。新中国成立之后，社会本位为主的高等教育价值观一直是我国政府制定高等教育政策、引领高等教育改革、促进高等教育发展的基本指导思想。在这样的一种人才培养价值体系中，高校辅导员的主要价值就体现在"为社会造就公民，为国家培养人才"，其主要工作被国家定位为：按照党委的部署有针对性地开展思想政治教育活动。为此，高校辅导员专业化的目标任务正是要使系统中每一个成员根据这个工作目的，按照教育规律和人才成长规律，不断增强职业胜任力，注重提高自身的思想道德修养和社会责任感，努力成为大学生健康成长的指导者和引路人。

第二，价值理念的特殊性。美国教育学者布鲁贝克在《高等教育哲学》中，把主宰高等教育发展的哲学思想分为两类：认识论哲学和政治论哲学。在此基础上，我国学者张应强认为，对于高等教育来说，还有第二种价值取向，即以促进人的发展为目的，并称为"人本论"的价值取向。从"人本论"的价值取向出发，高校辅导员工作的对象主要是作为个体的大学生，他们都是处在世界观、人生观和价值观正在形成的过程中，是具有丰富情感和个性差异的人。大众化阶段的大学生更是崇尚个性自由、追求人格独立的复杂多样的群体。学生个体构成的多层性、个性需求的多样化，使得学生作为发展中的人存在许多需要解决的问题。作为我国高校人才培养系统中重要力量之一的辅导员队伍，其专业化发展的内涵和过程必然要遵循社会主义核心价值体系，应在社会主义意识形态的范畴里，关注高等教育中的"人"，逐渐提高对"人"的专业性指导和服务水平，增强高校辅导员对学生的指导力、吸引力和凝聚力。

第三，发展模式的特殊性。高等学校培养人才职能的完整意义在于三个方面：

一是量的方面，即高等学校对社会的专业人才数量需要的满足；二是结构的方面，即高等学校对社会的不同层次、不同类别专业人才需求的满足；三是质的方面，即高等学校对社会的专业人才质的或素质要求的满足。辅导员所在的高校学生管理系统具有多样性功能，一方面要通过对学生的教育、管理和服务，为高校人才培养和大学生的全面发展提供基础保障；另一方面，高校学生管理系统是校园稳定、校园文化建设的一支重要力量，不仅要在学生思想政治素质方面加以引导和教育，还要投以校园文化建设，关注学生的生理和心理健康状况，同时还要维护校园稳定，保障正常的教育教学秩序。这些多样性功能整合起来都是从质的方面对社会在专业人才质量或素质要求方面的一定满足。人才质量规格的动态性决定了辅导员专业化的发展方向和具体内容必须伴随着中国社会对人才需求规格的变化而不断调整。由于社会文化经济背景的不同，高校辅导员队伍作为具有中国特色的高校管理队伍之一，必然会出现与其他国家同类人员不一样的专业化的模式。

（三）高校辅导员专业化的标准

高校辅导员专业化建设是近几年来才明确提出的观点和设想，目前虽然尚未建立起完整的业内人士所公认的专业化标准衡量体系，但近几年的理论研究和建设实践已经让辅导员专业化标准初露端倪。作为一个特殊的职业群体，高校辅导员专业化的标准应当包括以下几个基本要素。

第一，拥有过硬的政治素质与政治信仰。作为高校辅导员，其本职工作就是对广大青年学生进行思想政治上的教育和引导，从事的是事关国家长治久安、社会稳定发展的关键性工作。因此，政治素质和政治信仰是高校辅导员综合素质的核心，对大学生教育管理工作具有举足轻重的作用，辅导员政治素质间接影响着大学生的素质。高校辅导员必须保证自身有坚定正确的政治立场，对共产主义事业有坚定不移的信念，能为实现共产主义的伟大理想奋斗终身。"育人者先育己"，高校辅导员必须提高政治敏锐性和鉴别能力，做到能自觉运用马克思主义的立场、观点、方法去观察社会、认识社会，善于把自己掌握的理论同改革开放实践及发展的现实生活结合起来，在复杂的环境中分析社会历史发展的必然趋势，在大是大非面前旗帜鲜明、立场坚定，始终同党中央保持高度一致。同时，高校辅导员也只有不断用政治理论武装自己的头脑，深刻理解马克思主义科学理论抱有对社会主义必胜的信念，才能将所学的理论应用到实际工作中，才能更好地在学生中开展思想政治教育，才能给大学生以正面引导，增强大学生对改革开放和现代化建设的信心，以及对党和国家的信任。高校辅导员只有在政治立场上始终同党中央保持高度一致，具有坚定的政治信仰，才能深入地贯彻和执行党和国家的路线、方针、政策，才能在"为谁育人""育什么样的人"这样的实际问题面前保持着清醒的头脑。因此，高校辅导员只有具备了坚定的政治立场、较高的政治觉悟、高度的政治责任感以及一定的政治理论水平，才能更好地提高辅导员分析问题、解决问题的能力，才能使思想政治工作的效果发挥得更为出色。

第二，具备良好的思想道德修养，恪守职业道德规范。塑造、培育人的灵魂是一项充满希望而又异常艰辛的事业，它要求育人者具有高尚的道德情操和坚定的工作信念。所谓"其身正，不令而行；其身不正，虽令不从"。这就要求辅导员具备良好的道德修养，克己奉公，光明磊落，成为广大学生的榜样。辅导员只有自身具备了崇高的品性修养和思想道德，同时能在日常的行为习惯及工作中严格遵守规章制度，发挥榜样模范作用，才能有力地说服学生、教育学生、感染学生，否则就会失去威信，无法更好地管理、教育学生。辅导员工作是细微琐碎、艰巨繁杂的，它需要辅导员具备高尚的道德情操和良好的个性品格、坚韧的意志品质和健康的心理素质。高校辅导员职业道德首先表现在对学生的关爱以及对学生工作的投入，表现在其工作中呈现出来的强烈的事业心和责任感。一个职业群体能否得到大家的认可，能否得到社会的高度评价，这在很大程度上取决于该职业是否具有支配和控制其从业人员的制度化了的道德规范。辅导员只有具有良好的职业道德规范，才能勇敢面对工作中出现的困难和挫折，才能正确地对待奉献和索取的关系。作为一个职业群体的辅导员也同样应该有属于自己本职业的道德规范和素质要求，诸如包括要求热爱学生、为人师表、廉洁奉公、公平公正等，特别应该强调一种服务理念，专业化的辅导员队伍应努力为青年学生的成长成才服务，为社会的稳定发展服务，为国家的兴旺发达服务。因此，高校辅导员应加强自身道德涵养，遵守职业道德规范，以身作则，本着对学生高度负责的态度，奉献敬业、公正无私、洁身自律，做青年学生的榜样，为学生施行正面的言传身教。

第三，树立终身学习的观念，具有必需的专业知识和专业技能。辅导员应有严格的任职资格条件，必须具备一定的学历，应受过一定的专业训练，掌握从业所必需的专业知识和专业技能。谢维和教授认为，专业化教师的知识结构包括三大类：关于学生的知识、关于课程的知识、关于教学实践的知识和技术。辛涛、林崇德、申继亮等教授从认知心理学的角度提出四方面的结构内容：本体性知识（subject-matter knowledge，指教师所具有的特定学科知识）、条件性知识（conditional knowledge，指教育学和心理学知识）、实践性知识（practical knowledge，课堂情景性知识以及与之相关的知识）和文化知识（cultural knowledge，为实现教育的文化功能需要广博的文化素养）。据此，专业知识是专业化的辅导员必备的内在理论储备，而职业技能则是辅导员外在实践水平的体现。随着国际国内政治经济形势的变化、现代科学技术的发展以及大学生群体出现的新情况，要求思想政治工作不能因循守旧、墨守成规，能够胜任的辅导员必须不断地学习进修，掌握新知识，把握新动态，获取新信息，处理新情况，与时俱进，敢于创新。高校辅导员只有通过系统地学习相关专业知识，掌握相关的基本技能，才能顺利地实现由经验型向科研型、由权威型向对话型、由知识的单一型向复合型的转换，实现由非职业化、非专业化向职业化、专业化的转换。

第四，形成专业团体，在专业领域内实现专业自治。辅导员应有明确的职责范围，而且在专业领域内有一定的自主性，外行人不能轻易挑战专业人员的技术判断，自治基本上成为可能。2005年1月复旦大学成立了全国首个高校辅导员协会。随后，许多高校和高校间也纷纷建立了辅导员组织，如山东大学的"辅导员成长之家"，南京大学的辅导员俱乐部等。

辅导员的专业化标准是做好思想政治教育工作的导向，它倡导的理念引导着从业人员职业发展和整个行业发展，辅导员专业化标准的制定为该职业的发展提供了更广泛的空间。

（四）高校辅导员专业化的基本要求

从我国当前的辅导员队伍建设来看，尽管整体上辅导员队伍的专业化水平尚在较低层面，但是，不可否认的是，我国高校辅导员工作已经成为一门正在形成中的"准专业"。高校辅导员是开展大学生思想政治教育的骨干力量，是大学生日常思想政治教育和管理工作的组织者、实施者和指导者。这就要求高校辅导员专业化应符合一些基本要求，具体可以通过以下几个方面进行阐述。

第一，业务专业化。并非任何学校、任何专业的毕业生都可以胜任辅导员，如同律师、医生等高度专业化的职业一样，高校辅导员应是一个以多门专业知识和技能综合（如成长心理、学习心理、职业心理、组织行为、社会职业、道德、法律、政治等专业以及人际交往、演讲、社团组织、宣传、心理咨询等技艺）为基础而又自成专业体系的一种社会职业。上岗者必须经过专门的教育和培训，掌握专门的知识，形成专门的技能，对高校学生遇到的事情的理解比其他任何人都更深刻，对困扰学生的问题的了解比学生本人更加透彻，能够运用自己的专业、技能、经验为学生提供指导和服务，并能为学生所接受。

第二，队伍专门化。高校辅导员专业化需要一个独立的机构，它不仅负责大学生日常事务的管理，还负责辅导员的培训、管理、评聘、晋升、考核、激励、监督、科研等工作。以此保障有一支稳定的辅导员队伍来专门从事辅导员工作。辅导员专业化要求辅导员队伍必须具备稳定和专门的特征，不允许在辅导员队伍中存在大量兼职人员，其构成人员必须专职从事此项工作。

第三，岗位专职化。在目前多数高校管理体制中，辅导员处于学校管理结构的最底层，处在被多重管理的状态。学校的各党政管理机关，如组织部、宣传部、武装部、学生处、团委、后勤都可以向辅导员分派任务。大多数院校辅导员人事上归院系管理，而院系从自身工作角度出发又使辅导员承担了众多的教学秩序管理和行政工作事务。辅导员可谓集教育、管理、服务于一身，这不符合高校辅导员专业化的要求。事实上，应根据辅导员工作内容重心的不同，进行岗位专职化设置，可分为职业生涯规划、心理咨询、就业指导、日常学习与生活导师等岗位。

第四，建设制度化。高校辅导员专业化还必须有相应的制度作为保障。一是选拔制度。长期以来，有许多高校聘用留校毕业生担任专职辅导员。这些人员未参加过专门训练，甚至没有学过任何教育学、心理学等方面的知识，缺少科学管理的知识和技能。还有，很多学校的兼职辅导员是在本学校研究生或者成绩比较好的学生干部中挑选的，这些学生本身就学业很繁重，几乎没有过多的精力。所以，作风踏实，具有一定专业知识和组织管理能力的人员担任高校辅导员工作，是加强辅导员队伍建设的基础。为保证选拔工作的顺利进行，一是需要建立完善的选拔制度，它应该包括辅导员选拔标准、辅导员选拔程序和辅导员选拔途径等方面。二是培训制度，《教育部关于加强高等学校辅导员班主任队伍建设的意见》提出："要制定辅导员的培训规划，建立分层次、多形式的培训体系；要创造条件，积极组织辅导员参加社会实践和学习考察，提高解决实际问题的能力，增长做好思想政治教育工作的才干。"根据这一精神，为提高辅导员整体素质，各高校应该根据学校具体情况，制定相应的培训制度，保证辅导员培训的顺利进行。三是评价及考核制度，外界对辅导员工作的非认同性评价，在一定程度上影响了辅导员的自我认同。因此，建立合理的辅导员工作绩效评价制度是辅导员队伍建设的一个重要问题。一个有效的绩效评价系统的组成要素有：评价尺度、评价标准和数据收集。在努力做到考核规范化、科学化、制度化的同时，需要按季度、学期年度做好工作总结。考核成绩与职称、薪酬挂钩，对于连续考核不合格的辅导员，要及时调离岗位，从而优化整个辅导员队伍。

辅导员职业化的发展趋向是专家化，而专家化又和专业化联系在一起。三者的发展途径是：职业化—专业化—专家化。职业化使人们认同辅导员的职业规范，有长期从事这一工作的打算，为专业化和专家化提供了稳定的载体。专业化是普通职业到专家职业的发展过程，在专业化过程中，辅导员接受专门教育，培养长期从事辅导员工作所应具备的专业理论、专业技能和专业精神，为辅导员队伍实现专家化提供了可能。

第二节　高校辅导员专业化的时代呼应

辅导员作为大学生健康成长的指导者和引路人，在全面培养大学生成为社会主义事业合格建设者和可靠接班人方面负有十分重要的责任，是贯彻党的教育方针、实施大学生思想政治教育、维护高校和社会和谐稳定的重要依靠力量。加强辅导员队伍的专业化建设，努力提高他们的工作能力、学术水平和职业素养，增强队伍的战斗力和凝聚力，是高校学生管理的时代诉求。

一、高校辅导员专业化发展的必要性

20 世纪末，我国高等教育从精英教育阶段转入了大众化教育阶段，而当代大学生的特点对学生工作、辅导员的素质提出了更高的要求。教育和管理当前的大学生不仅需要增加工作力量，更需要更新原有的工作内容和方法，转变观念，提高水平，增强工作的科学性。这就迫切需要加强和改进大学生思想政治教育，开展高校辅导员队伍的专业化建设，提高辅导员的专业性。

（一）高校辅导员专业化发展是社会多元发展的现实呼唤

第一，现代社会职业发展的需要。社会主义市场经济建设和社会发展势必要求社会大分工的细化，高校辅导员专业化也是符合社会分工细化的客观要求的。按照高校的分工，辅导员队伍是以思想政治教育为中心工作的教师，他们的工作是以思想政治教育为主线，寓教育于学生党建和团建、日常教育管理与服务以及指导课外活动中，工作内容涉及多项学科、专业的知识体系，辅导员队伍在学生教育管理中发挥的作用和效果日益明显。教育、管理、服务等分工的进一步细化，使辅导员队伍不再是一项"万金油"的职业，学者型辅导员队伍已经走向这一职业领域，辅导员职业要具备专业素养，具备专业的培养制度和管理制度，形成鲜明的专业标准，拥有稳定的专业地位。专业化的教师职业要求其从业人员队伍必须专业化，作为教师队伍中的一个特殊群体——辅导员必须走专业化发展道路。

第二，社会形势发展变化的要求。从国际环境看，当今世界政治多极化的趋势继续发展，经济全球化的进程不断加快，多元化思潮正在形成，传统的两大阵营的对峙和意识形态的冲突正在被以各个国家为代表的多元文化的冲突所取代，加之互联网的飞速发展和快速普及，使得全球成为一个开放的系统。另外，意识形态的差异、文化的冲突、政治经济发展的不一致等，既给我国的社会主义建设和社会经济发展带来了良好的发展机遇，又对我们提出了严峻的挑战。从国内环境看，现阶段我国正处在改革的攻坚阶段和发展的关键时期，社会状况和以前相比发生了复杂而深刻的变化。经济和经济利益多样化，社会组织形式多样化，社会生活方式多样化，就业岗位和就业形势多样化日趋明显，由此导致青年学生的思想观念和价值取向呈现多样化的特点。辅导员是高校学生日常思想政治教育和管理工作的组织者、实施者和指导者，直接工作在学生思想政治教育的第一线，对大学生的思想、学习和生活影响极大。从这个意义上讲，我们必须加强辅导员队伍的建设，使其向专业化方向发展。

（二）高校辅导员专业化发展是高校迅猛发展的客观要求

第一，高等教育大众化的要求。从高等教育发展来看，随着我国高等教育改革和发展的不断深入，高等教育已经进入大众化阶段。伴随着大众化高等教育的发展，高校学生生源结构日益多样化、复杂化，学生思想素质参差不齐，学生层次、个体差异、心理问题等愈加复杂，大学生的学习方式、生活方式、思维方式、就业方式等均发生了新的变化，大学生在学业、心理、生活、就业等方面的服务需求越来越多样和独特，高校的学生管理工作也逐渐独立、规范，越来越需要专门组织和专业人员进行统一管理。这种现状要求学生工作必须转变观念、提高水平，构建教育、管理、服务相统一的专业体系，从而产生了高校辅导员专业化的需要。

第二，高等教育国际化的要求。当今世界，在全球经济一体化促使下，加强国际的人员流动，实现课程国际化，培养国际型人才，进而提高国际竞争力等，逐渐主导了各国高等教育国际化的发展。高等教育国际化趋势对高校辅导员的思想水平、政治素质、工作能力提出了更高的要求，在思想政治教育工作中，辅导员的言行都是大学生关注的焦点。因此，在高等教育国际化中，为了更好地引导大学生成长成才，成为社会主义事业的合格建设者和可靠接班人，高校辅导员必须加强自身的学习，积累经验，摸索规律，适应思想政治教育工作的新变化，走专业化发展之路。

第三，高教管理科学化的要求。随着当前高校教育体制改革的进一步深化，管理机制、培养模式等都发生了深刻变革。高考制度的改革使得高校招生力度逐年加强，学生人数激增，学生数量突发性膨胀、新生素质下降、大学教育资源紧缺、取消婚姻状况的限制等使生源也愈加复杂。高校实行弹性学分制，放宽入学的年龄限制，允许分阶段完成学业，使教育对象具有不稳定性和复杂性。实行选课制、选修制等，使过去固定的班级管理模式发生变化，班级概念逐步淡化，学生对个性发展的需求越来越迫切。高校后勤社会化改革使包括学生公寓在内的生活服务逐步从原先的由学校统包统管向由社会化的学校后勤企业或社会企业提供过渡，其工作性质也从高校的后勤保障向社会化的消费服务转变。高校实行收费制度，使学生成为高等教育的"用户"和"消费者"，改变了学生对原有大学教育和学生工作的态度和评价，学生具有强烈的平等意识、公民意识和法律意识，他们更关注自身合法权益，就业制度的改革，在竞争激烈的就业市场的就业压力进一步增大。高等教育事业发展过程中出现的这些新情况对大学生思想政治工作提出了挑战，给有效开展思想政治教育工作增加了难度。由此可见，高等教育的改革和发展使辅导员工作面临严峻的现实和巨大挑战，但同时也成为高校辅导员专业化发展的契机。加强高校辅导员的专业化发展，是适应高等教育改革和发展要求的必然选择。

（三）高校辅导员专业化发展是自身健康发展的内在要求

第一，高校辅导员专业化发展是辅导员角色转变的要求。随着我国高等教育从精英教育逐步转向大众教育，高校辅导员逐渐从思想政治教育辅导员转变为"事务型"辅导员，辅导员的事务性、应急性工作大量增加，这一转型可以称为辅导员角色的第一次转型。由于承担大量的事务性工作，辅导员思想教育职能发挥不够，甚至成为"消防员""办事员""勤杂工""保姆"。然而，在当今社会转型期，"政治辅导员"已不再像过去那样过分强调"政治"，而是被赋予更多"政治外"职能。公民道德教育、心理健康教育、职业生涯规划、校园文化建设等事务性的工作不应成为辅导员的工作重点。辅导员角色需要经历第二次转型，即由事务型转向知识型、专业化，在更高的层次上推进大学生的思想政治教育与管理。辅导员要转变角色，最重要的是加强专业知识学习，用系统化、理论化的知识武装自己，具有与其工作职责与内容相应的专业背景，使自己担当起"人生导师"的神圣职责。

第二，高校辅导员专业化发展是辅导员工作转型的要求。学生工作作为高等教育的重要组成部分和高等学校教育活动的主要环节，已经成为高校人才培养质量保障体系中的一个有机成分。由于我国特有的国情，高校学生工作模式在不同的历史时期有着不同的内涵体现，并且，我国学生工作模式的转型过程是与我国高等教育教学改革发展趋势相适应的。我国高校的学生工作模式从新中国成立之初的"学生政治工作"模式到 21 世纪以来的"教育、管理、服务三位一体"模式，从"管理导向"转向"服务导向"，其演变过程历时半个世纪，从一个侧面反映出了我国高等教育在人才培养模式上从"社会本位"到"学生本位"的转变。特别是对服务职能的关注和加强，说明我国高校学生工作模式正在顺应高等教育发展的趋势做出调整，正在对原有学生管理模式进行超越和改进。高校辅导员作为为学生成长和发展提供指导和服务的教育者，其工作的主要任务就是以人的发展为本，即以学生发展为本，促进受教育对象的品格修养、人文精神和成人意识等方面的发展。因此，高校学生工作模式转型应该建立在辅导员专业化发展的基础上。

第三，高校辅导员专业化发展是辅导员持续发展的要求。由于工作任务繁重、工作强度大、工作内容琐碎等原因，长期以来，高校辅导员队伍不稳定、专业化不强、职责不明晰、结构不合理、职业发展不明确等问题一直困扰着这支队伍的稳定和发展。信息化社会的来临，知识更迭的速度加快，"合格辅导员"已成为一个相对概念。辅导员要在社会和自身行业中求得更好的生存与发展，就必须通过不断的教育培训，更新教育观念，提升专业知识和技能，实现专业持续化发展。一方面，辅导员经过专业化的培养，不断提高自身素质，持续地向社会提供优质的、专业化的服务，进而从根本上解决辅导员职业的社会认同问题；另一方面，通过制定辅导员专业标准、建立辅导员职称职务序列、完善辅导员管理制度、发展专业团体等，有效解决辅导员的归属感和职业忠诚度问题。所以，无论是从辅导员专业发展规律，还是从辅导员专业发展需要看，高校辅导员的专业化发展都具有必然性和必要性。

（四）高校辅导员专业化发展是学生全面发展的迫切要求

第一，高校辅导员专业化发展是大学生的年龄特征的要求。马克思主义把人的全面发展作为未来社会的价值目标。人的全面发展是指人的各种需要、素质、能力、活动和关系的整体发展，是自由、平等、和谐、充分的发展。大学生处于青年的中后期，是一个人在形成成人期稳定的心理结构之前的不稳定时期。在心理发展历程中，他们正处于自我认识、社会适应、人际关系等多事之秋。从心理学的角度看，青年期最终要完成的重要发展任务就是人格重组，即逐步形成稳定的成人人格结构，并基本确立自己的人生观和价值观。在这一人生发展的重要转变时期，由于自身阅历有限，面对学业、生活、情感、就业中遇到的种种问题，大学生们难免会产生困惑，会有心理负担，并且迫切需要得到有效的帮助。辅导员责无旁贷地承担起疏导学生心理的艰巨任务，这就要求辅导员必须朝着专业化、专家化的方向发展，辅导员队伍建设必须朝着专业化的方向努力。

第二，高校辅导员专业化发展是大学生的时代特征的要求。当代大学生是在我国改革开放、经济体制转轨、社会转型过程中成长起来的一代。一方面，当代大学生民主法律意识增强。他们不仅对社会民主政治建设参与的热情很高，对学校改革特别是涉及自身利益的一些问题，如学校的学科专业发展、后勤改革、专业培养方案等十分关注，对建立民主的学生管理方式和新型的平等的师生关系寄予厚望，而且他们学会理性地对待学校的管理，懂得用法律武器来维护自身合法的权益，这就使过去一些"以势压人"的简单、粗暴的管理必须被科学的管理所取代。另一方面，当代大学生的心理健康水平堪忧。由于家庭过分包办使当代大学生缺乏挫折逆境教育，对网络的强烈依赖使大学生沉迷于网络的虚拟世界进而导致自我封闭，集体合作精神的缺乏导致大学生社会交往出现困难。由于社会转型期就业竞争的加剧使大学生倍感压力，再加上从外界纷纷涌入大学校园的各种思潮，容易使人生阅历疏浅的他们人生观出现偏差，看不清自己未来的发展道路，一部分同学产生胆怯、自卑等各种心理问题，有的甚至自暴自弃，用沉溺于恋爱、网络游戏的方式逃避现实。当代大学生中患有心理障碍和心理疾病的人数比例也呈上升趋势，给学生思想政治工作带来挑战。面对现实的需要，辅导员除了必须掌握思想政治教育专业知识外，还要掌握一定的心理卫生和心理咨询知识，把管理与思想教育有效结合，寓教育于管理之中，有力地推进学校的素质教育，这就必然对辅导员提出专业化的要求。

综上所述，我国高校辅导员工作关系到为社会发展、国家建设、民族振兴输送什么样的人的问题。因此，它不能缺失，只能向更高处发展，即专业化发展。

二、高校辅导员专业化发展的现实意义

加强高校辅导员的专业化建设，提高辅导员队伍的整体素质，是当前加强和改进高校学生工作必须高度重视并重点解决的课题。高校辅导员的专业化发展在推进高校学生工作创新与发展，促进高校改革发展、培养合格高素质人才、维护高校稳定中具有不可替代的重要作用。

（一）有利于增强高校思想政治教育的实效

社会环境的变迁对高校思想政治工作造成了巨大冲击，无论是经济全球化进程

的加快、知识经济和信息时代的到来，还是高校管理体制改革、素质教育的实施以及发展社会主义市场经济同时所带来的外来文化的激荡，所有这些新情况、新问题都直接或间接地影响了大学生的思想道德素质，影响了高校思想政治工作的实效性。高校思想政治教育既要继承和发扬卓有成效的传统的思想教育模式与教育手段，又要积极创新和发展符合当代大学生思想实际的针对性与实效性较强的思想教育模式和教育手段。要实现这一目标，就要进行分类指导、个别帮助，进行个性化的教育服务。只有个性化的教育服务，才会带给学生积极的内心体验，才会收到良好的教育效果。因此，建设一支高素质、强能力、专业化的高校辅导员队伍，才能有利于增强大学生思想政治教育工作的成效。

（二）有利于提升高校辅导员的整体素质

高校思想政治工作要求辅导员具有良好的思想政治素质、较高的业务素质、较强的事业心及奉献精神。但是，辅导员队伍流动性强、年轻化，队伍结构中缺乏梯队建设，无法形成老、中、青传帮带格局，总体专业素质偏低。专业化使辅导员向"专家型"发展，把辅导员培养成为学生政治工作、思想工作、教育管理工作、心理咨询、就业指导等方面的专家。这就需要通过各种途径对辅导员进行教育和培训，加快辅导员知识更新的速度，及时调整辅导员的知识、能力结构；同时，专业化通过制定动态平衡的人员聘用、考核、激励、晋升、流动等制度，使辅导员队伍在相对稳定的基础上保持适度的流动，吸引高层次、高质量、多学科人员的加入，实现人员配备的最优化，从而提高辅导员整体的素质。

（三）有利于提高高校辅导员的社会地位

尽管党和政府及各高校都很重视辅导员社会地位和学术地位的提高，但是仅靠改善待遇和提高声誉是远远不够的。只有通过辅导员专业化发展，努力提高其专业知识和技能，充分发挥其自主性，使辅导员由"经验型"转变为"研究型"，切实成为学生思想政治工作的理论研究者和实践者，才能从根本上改善辅导员的职业形象，使辅导员成为令人尊敬和羡慕的职业，才能真正提高辅导员的社会地位和学术地位。

（四）有利于高校的稳定与和谐

实践证明，辅导员深入大学生群体做细致的思想政治工作是新形势下促进学校发展、维护学校稳定的行之有效的方法之一。高校辅导员的专业化发展有利于保障学校的和谐稳定。一方面，掌握学生思想动态需要专业化的辅导员。职业化背景下的高等教育使学生面临学习、生活、爱情、就业等各方面的困惑。由于对一些问题缺乏信息掌握，对学生缺乏及时的开导，导致目前高校大学生心理问题层出不穷。而辅导员是学生成长成才的指导者、引路人，也是学生各方面思想的把握者和开导人。通过辅导员的专业化发展，可以有效地把握学生各方面动态，减少学生中突发事件的发生，切实维护高校的稳定。另一方面，稳定高校辅导员队伍需要专业化的辅导员。辅导员在高校中学术地位偏低，严重制约了人才的引进，不能吸引优秀人才加入辅导员队伍中来，大多数辅导员只是把辅导员工作当成"跳板"，队伍非正常流动导致教师队伍内部不和谐现象时有发生。辅导员是高校干部队伍的组成部分，也是高校教师队伍的组成部分，必须通过辅导员专业化建设来提高辅导员的地位和稳定性，达到保证高校教师队伍内部稳定的目的。

第五章 高校辅导员专业化发展的组织保障制度

高校辅导员的专业化发展是职业化背景下中国高等教育发展的必然趋势，也是新时期进一步加强和改进大学生思想政治教育的现实需要。建立健全高校辅导员的组织保障制度是其专业化发展的核心内容，具有根本性、全局性、长期性，是全面推进高校辅导员专业化发展的关键。依据辅导员专业化发展的基本目标和要求，高校辅导员的管理模式、选聘制度和培训制度值得深入探讨。

第一节　高校辅导员专业化发展的科学管理

就当前推进高校辅导员的专业化发展而言，党和政府非常重视高校辅导员队伍建设，把这支队伍作为贯彻党的教育方针、坚持社会主义方向办学的重要力量。高校辅导员队伍建设存在的各方面问题，需要通过建立和完善科学的管理制度加以解决。只有这样才能更好地解决高校辅导员"专职不专"和职业本位"异化"局面，才能使辅导员队伍健康发展。

一、明确高校辅导员专业化发展的目标

目标就是在一定的条件和环境下，在预测的基础上，人们对行为活动结果的期望。高校辅导员专业化发展的目标就是人们对高校辅导员专业化发展结果的期望。高校辅导员的专业化发展应该紧紧围绕努力建设一支政治强、业务精、纪律严、作风正的高水平的辅导员队伍的目标，最大限度地调动辅导员的积极性和创造性，以事业凝聚人才，以制度促进建设，吸引更多的优秀人才加入辅导员队伍中来。具体来讲，就是要注重转变观念、提升素质、强化能力三方面的发展目标。

（一）转变观念

要从根本上解决高校辅导员专业化发展问题，需要从思想根源转变观念，扭转对高校辅导员的偏见，这是辅导员专业化发展的关键。

第一，要转变各级领导的观念。各级领导作为学校政策的制定者，要充分认识辅导员工作的重要性和特殊性，更要从思想上真正认识到辅导员是高校教师队伍的一个重要组成部分，肩负着学生思想政治教育和学生事务管理的特殊责任，辅导员工作水平的高低、工作效果的好坏，将直接影响到大学生思想教育的效果，影响到人才培养目标的实现。要认真贯彻落实中央和教育部门的文件精神，确实转变"辅导员是一种临时职业""辅导员工作谁都可以干"的观念，改变辅导员工作"说起

来重视，做起来轻视，忙起来忽视"和"遇到重大事件就觉得重要，事情过后就觉得可有可无"的现象。

第二，要转变自身观念。辅导员长期处在高校学生工作的第一线，承担着教书育人、管理育人的重要职责，是学生在校期间接触最多的老师，对学校的稳定和学生的健康成长负有直接的责任。这就需要辅导员转变固有的观念，从思想上认识到辅导员工作是一项崇高的事业，担负着培养合格建设者和可靠接班人的重任，是其他业务教师所无法取代的。高校辅导员们更要充满自信，坚信学生思想政治教育工作是一项光荣的、阳光的事业，坚信思想政治教育工作大有可为，努力强化职业认同感，应充满激情地从事学生思想政治教育工作。

第三，要转变广大师生的观念。要让广大师生摒弃高校辅导员是教育管理学生的保姆、维持学校秩序的编外警察、学生思想政治教育工作是"万金油"、人人都可以做等思想观念。认识到思想教育是一门学科，辅导员所从事的工作既是一种专业，又是一种职业，光荣而艰巨；认识到要成为一名真正合格的辅导员，即"学生健康成长的指导者和引路人""人生导师和知心朋友"的难度不亚于做一名专业课教师。

（二）提升素质

辅导员素质的高低直接影响其工作成效乃至成败。辅导员素质是学生事务管理队伍的职业化、专业化和学术性最直接的体现，是辅导员专业化发展的核心。高校辅导员队伍的专业化发展对辅导员应具备的素质提出了更高的要求。要实现辅导员专业化，建设高素质的辅导员队伍，必须按照"政治强、业务精、纪律严、作风正"的要求不断提高辅导员的素质，这是中央对高校辅导员的基本要求。

（三）强化能力

各种能力的强化是高校辅导员专业化发展的基础和前提。高校辅导员要组织和引导大学生开展各种丰富多彩的社会活动，要调查研究，要总结工作，要开展对大学生各方面的教育，一切工作和探索都必须从学生的需求出发。要真正做到从学生的需求出发，必须把握好三个层次：一是大学生是"人"，必须尊重他们作为人的心理发展规律；二是大学生是"受教育的人"，需要遵循相应的教育规律；三是大学生是"处于一定管理体系中的受教育的人"，需要采取适合学生特点的管理方式。

辅导员的职业特点决定了辅导员应具备多层次、多序列的综合能力。辅导员的能力素质主要包括：组织管理能力，即选拔培养骨干，发动学生开展各种有利于身心活动的能力；分析研究能力，即善于接触、观察、了解学生，通过座谈会、个别谈话等方式，掌握第一手资料和数据，做出详尽的分析，并从中发现大学生规律的能力；针对学生思想实际和心理特点，进行个别谈心和做思想教育报告的能力；根据党的方针、政策，结合学生特点，正确处理各种复杂问题的能力。高校辅导员应该积极地、主动地加强学习，反复实践，努力提高自己开展思想政治教育工作所需要的各方面的能力。

二、坚持高校辅导员专业化发展的原则

对照专业化的标准体系，我国高校辅导员的发展离专业化的目标还有很大差距，专业化建设仍然是一项长期工程、系统工程。所谓原则是指说话或行事所依据的法则或标准。不论做什么事，都要按照一定的法则进行。在推动辅导员专业化发展的进程中，应始终坚持以人为本、实效为先、整体规划、动态管理的原则。

（一）人本性原则

人本性原则就是要以人为本，要把人作为社会主体和中心，在社会发展中以满足人的需要、提升人的素质、实现人的发展为终极目标，把满足人们的现实需要、维护人们的切身利益作为衡量一切工作的唯一标准。一方面，学生思想政治教育工作应坚持以人为本，服务于实现人的全面发展、培养"四有"新人的总目标，要求辅导员队伍建设应以是否有利于思想政治教育对象的全面发展为评判标准。另一方面，思想政治工作者队伍本身的管理、建设也应坚持以人为本。工作要靠人去做，思想政治工作者自身的素质、能力、创造性的发挥程度直接影响着思想政治教育的效果。这就要求我们在辅导员队伍建设中应坚持有利于辅导员素质的整体提升、有利于辅导员工作潜能和创造力的最大限度发挥的原则，创造成长环境，改善工作条件，调动队伍的积极性，激发队伍的潜能。

（二）实效性原则

实效性原则是指要从实际出发，针对辅导员队伍的实际情况，紧紧抓住辅导员专业化发展中的主要矛盾方面，解决队伍建设中的重点和难点问题。实效性原则同时要求辅导员队伍在专业化发展过程中时刻以取得大学生思想政治教育的实效为目的，以建设促实效，以实效评建设。贯彻实效性原则，就是要用唯物辩证法指导队伍建设工作，一切从实际出发，不追求表面效应，避免形式主义，注重实际，求真务实，脚踏实地地推进辅导员的专业化发展。教育部门、高校应针对本单位的辅导员队伍状况进行全面深入调查，研究制定切合实际的可行性建设方案，并在操作过程中，严格按照要求，对方案进行验证，对过程中出现的问题及时分析总结原因，

找到解决问题的方法和措施，不断提高专业化发展的实效性。

（三）整体性原则

整体性原则的内涵就是从整体的目标出发，研究各组成部分相互联系和相互制约的规律，从而达到整体的最优化。辅导员的专业化发展是思想政治教育系统工程之一，涉及人员组成结构、人员素质能力结构、管理体制、职责任务、工作环境、政策保障等诸多方面的因素。坚持整体性原则，就要正确处理好人员的使用与培养的关系、管理与教育的关系、严格要求与人文关怀的关系、工作环境与工作效能的关系。

（四）统筹性原则

统筹性原则指通盘筹划，总揽全局，协调各方，统筹规划，妥善处理各种利益关系。在高校辅导员队伍专业化发展过程中，必须统筹规划与其相联系的各方面的关系，促进辅导员工作全面、协调、可持续的发展。坚持统筹性原则，一要协调发展各种关系，与高校内部人员、部门的关系上，要强调相互促进，相互配合，达到共同发展的目的；二要把高校辅导员队伍专业化建设纳入高校建设规划，作为高校整体规划目标体系中的一环；三要与人才市场配置目标相协调，由于高校辅导员职业的出现，会丰富人才市场的内容，而人才市场也要开展如何更好地配置高校辅导员人才的研究，为高校服务。

（五）动态性原则

动态性原则是指根据辅导员工作规律和队伍建设发展的规律，通过动态考察把握建设中易出现的一些问题，以动态的视野审查其建设发展机制的内部运行状况和外部影响因素，及时进行动态调节，使队伍能够适应思想政治工作的时代要求。坚持动态性原则，一方面要求我们应重视队伍内部以及队伍内外环境之间物质、能量、信息的交换与流通，通过教育培训形式引导提升辅导员的专业素质，还可通过研讨交流形式互通有无，丰富视野，促进辅导员专业技能的进一步拓宽。另一方面，要求专业化的辅导员队伍应该保持动态的平衡，使成员有进有出，既要保证长期专职从业人员的绝对比例，培养一批专门永久从事此项工作的专家骨干，又要给不愿继续从事或不能胜任此项工作的辅导员以合理的出路，进一步提升辅导员队伍的整体水平，使其向专业化方向发展。

三、优化高校辅导员专业化发展的素质结构

高校辅导员要时刻牢记自身的责任，与时俱进，不断提高自身的综合素质，承

担起培养社会主义合格的建设者和接班人的重任。同时，优化高校辅导员队伍人才素质结构，是高校辅导员专业化发展的必然要求。

（一）年龄结构

年龄不仅是一个人的心理功能的标志，而且也是知识、经验多少和能力强弱的重要指标。就一般情况而言，随着年龄的增长，人的知识、能力、经验会随之增长。辅导员队伍的年龄结构直接影响着辅导员队伍的稳定，在很大程度上反映了学校办学管理的活力。一支年龄结构合理的辅导员队伍，应当是老中青三个年龄段相结合的具有合理化比例的综合体，有"老马识途"的老年，"中流砥柱"的中年，"生机勃勃"的青年，并处于不断发展的动态平衡中。具体的模式应该是：中年人多于老年人，青年人多于中年人，形成一个正三角的结构。这种结构既有利于发挥老年人的决策作用和参谋作用、中年人的骨干作用、青年人的突击作用，又能在实践中源源不断地培养接班人。由于这种模式在现实工作中效率较高，又有助于为将来培养骨干，所以称之为"前进型"。

（二）学源结构

学源结构是指一所高校全体辅导员最终学历毕业学校的多样化。广泛吸收不同学校的毕业生，不但有利于优化辅导员队伍结构，而且还能满足大学生多元性的需要。从不同高校、不同单位选聘辅导员，就可以实现本部门的文化与不同单位文化的交融，促进本部门群体文化的发展。从对学生的指导而言，学生就可以接触到不同的思维方式，不同的行为取向，有利于激发学生的创新思维，培养学生的创新能力。

（三）知识结构

辅导员应具有合理的知识结构。辅导员的基本工作是辅助引导大学生的成长，这就要求辅导员不仅要自己掌握全面的知识，而且要掌握更丰富、更新的知识，包括扎实的基础知识、广泛的人文知识、厚实的理论功底以及获取并运用知识的创新能力。要做到这一点，辅导员要通过自己的学习和实践，快速更新自己的知识，充实自己的知识，不断调整知识的结构，使之适应完成辅助引导作用和培养高素质人才的需要。

（四）学历结构

随着素质教育的广泛普及，高等学校已经不仅仅是保存、传授现存知识，进行科学研究、创造新知识的地方，也是培育思想政治积极、会生活懂学习、心理状态健康、全面发展的人的摇篮。这就对辅导员的基础理论、专业知识和综合素质提出了越来越高的要求，学历正是这些方面的重要体现。辅导员队伍的学历结构合理，能从整体上反映辅导员掌握基础理论的情况和基本知识的水平。没有一定的学历，辅导员的待遇、职称、出路等都无从谈起。

以上几种结构，在辅导员队伍的构成中是相当重要的，只要其中一个结构的比例失调，就会给队伍的整体功能带来不良影响。因此，应从大局着眼，综合全面因素，优化高校辅导员队伍结构和人才素质结构，为辅导员队伍建设的专业化提供充分的人才保障。

四、完善高校辅导员专业化发展的领导体制

辅导员的专业化发展能不能建设好，关键在于领导。按照教育部《普通高等学校辅导员队伍建设规定》，高校应当建立党委统一领导、党政齐抓共管的辅导员队伍建设领导体制和学校、院（系）"双重领导"的管理体制。在"双重领导"的体制下，学校党政领导负有统一领导全校辅导员队伍建设的责任，院（系）党政领导负有直接领导本院（系）辅导员队伍建设的责任，学校学生工作部门作为大学生思想政治教育和事务管理的主要职能部门，同时履行学校管理辅导员队伍的各项职能，要与院（系）共同做好辅导员队伍建设的各项工作。"双重领导"不是学校和学院（系）领导的重复或相加，而是各有分工和侧重，是从不同层次上建立责任制度，明确责任分工，形成工作合力，达到"加重"领导的成效。

（一）校级领导体制的职能

建立健全辅导员队伍建设双重领导的体制，在学校一级的层次上，主要体现为规划、协调、督导的领导职能。一是规划职能。学校要认真贯彻执行党和国家关于加强大学生思想教育工作队伍建设的方针政策，围绕加强辅导员队伍专业化发展的重点要求，制定学校辅导员队伍的总体建设计划、长远发展目标和政策保障措施，并将其纳入学校教育教学、科研队伍建设的整体规划，列为学校事业发展规划中的重要内容。二是协调职能。学校要成立专门的辅导员专业化发展的管理机构，在学校党委的统一领导下，由分管学生工作的校领导全面协调执行过程，畅通落实渠道，为辅导员专业化的工作条件和发展空间搭建有效的政策平台，提供良好的资源环境。三是督导职能。学校要通过制度建设明确院（系）对于辅导员的直接领导和管理的责任，督察辅导员队伍建设各项政策的基层落实情况，指导和帮助院（系）解决辅导员队伍工作和发展中的新问题和特殊困难。

（二）院级领导体制的职能

建立健全辅导员队伍建设双重领导的体制，在院（系）一级的层次上，主要体现为执行、管理、研究的领导职能。一是执行职能。针对本院（系）学生集体建制的实际，严格执行学校辅导员岗位设置、人员配备的规定；妥善安排工作，认真落实学校辅导员岗前培训、日常培训、骨干培训和研修、考察计划；在专业技术职务聘任的院（系）工作环节中，保证学校有关辅导员专业技术职务聘任政策的正常执行。二是管理职能。按照学校学生工作部门管理辅导员队伍的要求，结合本院（系）的实际制定实施规章；以一线工作实绩的评估为重点，建立辅导员工作能力考核的具体办法；要全面掌握本院（系）辅导员的工作、生活情况，在岗位津贴、办公条件、通信经费等方面提供必要保障；要坚持使用与培养相结合，关心每一位辅导员素质能力的成长提高和职业生涯的长远发展。三是研究职能。配合学校学生工作部门开展辅导员工作状况与队伍建设状况相结合的调查研究；组织辅导员交流研讨基层工作中的问题，积累工作研究的案例，结合学科专业人才培养的特点及创新工作内容和方法，形成具有院（系）特色的学生工作传统。

五、创新高校辅导员专业化发展的工作模式

我国高校的学生工作机制是块状的，辅导员面对几个班级或某个专业或年级，要解决学生所需要解决的全部问题，这种机制的优点是对学生的管理加强了，但缺点是使辅导员深陷各类事务性工作，不利于自身的可持续发展。我们要在一定程度上吸纳和借鉴国外现代大学完全学分制体系下的大学运行模式，尝试在以专业和班级为建制的辅导员工作模式基础上，创新辅导员工作模式，把学生教育、管理和服务工作放在面向全校学生这个大平台上来运作。

（一）专兼职工作模式

目前，高校辅导员可以简单地划分为专职辅导员和兼职辅导员两大类。专职辅导员是在聘期内全时或全职从事辅导员工作，并往往以此作为主要的工作收入来源。兼职辅导员是部分时间从事辅导员工作，他们还承担其他工作，而且非辅导员工作是他们主要的工作收入来源。在工作时间保障性方面，专职辅导员保障性较高，兼职辅导员保障性相对较低，尤其是遇到一些突发性重大危机事件，专职人员基本上可以全天候负责，而兼职人员时间上难以保证。在辅导员工作延续性方面，专职辅导员的工作稳定性与延续性相对较高，而兼职辅导员人员流动快，一般2年至4年轮换一次，工作积累与延续性相对较低。在内部人员发展竞争性方面，专职

辅导员竞争性较高，兼职辅导员竞争性较低。每一种工作模式均有自己独特的历史渊源与生存环境。当然，兼职辅导员模式要根据环境的变化加以改进。对于专职辅导员工作模式，优化的策略主要在于切实落实辅导员的"双轨制"管理，即辅导员的教师、干部双重身份管理以及职务、职称晋升双重路径发展。特别是针对专职辅导员的专业化发展，稳定辅导员岗位，打通专业化发展路径，就能避免辅导员内部人员发展过度竞争的弊端。

（二）专门化工作模式

专门化工作模式是根据工作的特殊需要而专门配备辅导员，它对应的是专门的工作领域，更多体现为运用专业化手段来履行辅导员职责。随着高校学生扩招以及学生工作管理体制的变革，一些"超级"学院出现了，一些热门学科所在学院学生人数达到三四千人，于是，一些专门承担专项辅导工作的辅导员产生了。例如，某些高校为适应学生组织形态的变化以及辅导员专业化发展的需要，广泛采用了专门化辅导员矩阵式配备模式。这种模式不仅有利于扩大大学生思想政治工作的覆盖面，也为辅导员专业化发展提供了实践平台。这一工作模式的合理性在于它充分适应环境变化的需要，反映了辅导员工作专业化发展的趋势。

（三）生活共同体工作模式

随着高校改革的不断深入，一种立足于学生综合性管理的辅导员工作模式应运而生。这种模式不同于传统的分专业班级管理制，也不同于专门化工作模式，而是从学生学习共同体、聚居生活共同体实施思想政治教育出发而产生的辅导员工作新模式。生活共同体工作模式又有以下两种典型方式。一种是"书院制"辅导员工作方式。这种模式利用高校住宿学院管理体制的优势，构建了书院制学生管理体制，根据专业、国别地域、民族分散的原则编班和安排宿舍。辅导员也是按照班级和宿舍来进行设置的。这一工作方式超出了传统的专业学院界限，把学生低年级阶段的通识教育生活、住居生活融为一体来综合管理。另一种是"学区化"辅导员工作方式。这种模式的初衷是源于后勤社会化改革后，学生住宿分散，按照原有的学生基本组织形式开展思想政治教育面临新的问题。为此，有些高校按学生公寓位置划分若干个学区，在这些学区之上成立统一的综合管理机构，同时配备学区基层辅导员，负责学生日常教育和集体管理工作。"学区化"辅导员工作方式实际上是基于学生生活园区共同体来配置辅导员资源，它不仅是辅导员工作载体、途径方面的转移，更是辅导工作理念的创新。针对目前许多高校存在多校区的情况，"学区化"辅导员工作模式具有重要的探索价值。

六、建立高校辅导员专业化发展的专业组织

专业组织是促进成员职业归属和激发职业潜能的有效载体，是否成立自己的专业组织，是衡量一项职业是否专业化的标准之一。辅导员缺少专业组织，也在客观上制约了其职业素养的提高。面对日益壮大的高校辅导员队伍，应该借鉴国外经验和其他行业的成功做法，建立高校辅导员协会。2005年1月，全国首个辅导员协会在复旦大学正式成立，此后，学校、地方层次、名称各异的专业组织纷纷成立。2008年7月，全国高校辅导员工作研究会正式成立，这是第一个全国性的辅导员行业组织。职业协会是为促进某种共同事业发展而由同业人员组成的团体。协会对辅导员采取的是行业管理方式，具有共同的职业道德标准、共同的价值观、共同的话语系统等。辅导员协会可以参照其他行业组织设置以下主要职能：制定统一的职业标准；提供资质认证；学术和工作交流；发行刊物；为成员提供专业的技能培训；维护成员的合法权益等诸多方面。辅导员协会可以在学校内部建成，可以跨校成立，也可以面向整个地区建设。建立高校辅导员协会，对于增强职业吸引力，提高职业素质能力，提升职业兴趣，激发职业热情，全面推进高校辅导员专业化发展意义重大。

七、加强高校辅导员专业化发展的文化建设

高校辅导员的文化建设是要建立起整个辅导员队伍的整体文化。文化建设的基本内容表现为辅导员的道德培养、情感养成和心理维护等。

（一）道德培养

重视高校辅导员道德品质的提高是辅导员文化建设的基本内容。道德是一种内心尺度，它凌驾于整个人性当中，支配着人的行为、态度、信念等，支配着人认识世界、明白事物对自己的意义和自我了解、自我定向、自我设计等；也为人自认为正当的行为提供充足的理由。辅导员的品德是在内在转化和外在制约双重因素作用下而逐渐形成起来的，它是一个由外在原则、规范内化为个体内心情感、意志、信念，再转化为个体的道德行为的过程。因此，辅导员的道德培养，既需要辅导员不断地进行自我调节，又需要高校管理者营造良好的外在环境。

（二）情感养成

要"让每一位辅导员在工作中感到快乐，得到满足，促进其成长与发展"成为辅导员专业化发展文化建设的重要内容。情感在人的行为中有着重要的作用，辅导

员的职业精神、工作积极性的维系，不仅要依靠现实的利益因素，更要依靠辅导员对事业、对学生的情感。职业情感的实现，依赖于辅导员对职业的认同，而这种认同又根源于该职业对辅导员的人生价值的实现程度。辅导员的情感培养对维系辅导员的专业归属、工作热情具有重要作用。

（三）心理维护

加强对高校辅导员的心理维护是辅导员文化建设的重要组成部分。高校辅导员的心理维护，首先要对辅导员的心理问题进行干预。工作倦怠、角色压力等可能使辅导员产生心理问题，影响辅导员的工作效果。因此，高校应该邀请相关部门和专家定期对辅导员进行心理辅导，使他们保持良好的心态，迎接挑战，更好地解决学生们的思想、心理、就业等问题。其次应培养辅导员良好的性格。从事辅导工作的老师也应该有积极的心态和乐观、开朗的性格，只有这样，才有耐心面对繁杂的学生问题，才能应对各种各样的突发事件。

第二节　高校辅导员专业化发展的选聘制度

辅导员的专业化发展是时代的选择、高等教育发展的必然要求、大学生健康成长的需要，同时也是辅导员队伍自身发展的内在需求。而要建设一支高素质的辅导员队伍，严格进行辅导员的选聘是一个非常重要的环节。选聘环节是辅导员队伍建设的入口关，是培养高素质队伍的首要环节，只有严格把关，才能为辅导员队伍建设打下良好的基础。

一、辅导员选聘的意义

选聘即招聘和选拔录用之意。招聘就是指在招聘单位总体发展战略规划的指导下，制订相应的职位空缺计划，并决定如何寻找合适的人员来填补职位空缺的过程，其实质就是让潜在的合格人员对相关职位产生兴趣并应聘这些职位。选拔录用也叫人员甄选，是指通过运用一定的工具和手段对已经招募到的求职者进行鉴别和考察，从而挑选出组织所需要的、恰当的职位空缺填补者。辅导员选聘工作的有效实施对高校辅导员的专业化发展具有十分重要的意义，主要表现在以下几个方面。

（一）决定高校能否吸纳到优秀的人才

优秀的人才对于高校辅导员队伍建设的重要性是不言而喻的，选聘工作是辅导员专业化发展的起点，选聘工作的质量直接决定着辅导员的质量，从这个意义上讲，选聘工作对于辅导员队伍今后的发展具有重要的意义。

（二）影响学生教育管理工作的开展

高校从应聘者中挑选的人员如果不符合辅导员职位的要求，那么辅导员职位对应的职责就不能很好地完成，学生教育管理工作的开展自然会受到影响，反之，如果高校挑选的人员非常符合辅导员职位的要求，学生教育管理工作就能够很好开展。

（三）影响辅导员队伍的发展

辅导员选聘工作中对应聘人员素质和能力等信息的把握是否真实全面，对辅导员选聘的标准把握是否准确，直接影响着所选聘人员的质量。如果招聘人员信息把握不真实全面，选聘标准掌握不到位，那么所选聘的人员可能不能适应辅导员岗位的要求，也很难在辅导员岗位上有很好的发展。

（四）影响辅导员队伍的流动

辅导员选聘工作中信息传递真实与否，会直接影响辅导员今后的流动和发展。如果高校在选聘过程中向应聘者传递的有关学校和辅导员工作的信息真实程度不高，会导致辅导员上岗以后产生较大的失落感和不适感，影响工作稳定性，人员流失的可能性比较大。

二、辅导员选聘的原则

随着我国高等教育的发展，高校辅导员已经从一个工作岗位逐渐成为一种专门的社会职业。针对当前辅导员队伍的现状，高校在建立辅导员选聘制度时，应遵循以下原则。

（一）德才兼备原则

按照政治强、业务精、纪律严、作风正的要求认真选拔辅导员，以保证大学生思想政治教育工作队伍的高素质。从事大学生思想政治教育工作的辅导员必须坚决执行党的教育方针，具有坚定正确的政治方向，具有敏锐的政治洞察力、政治鉴别力和政治敏锐性。专职辅导员和共青团干部必须是中共党员，应坚持公平、公正、公开，从品学兼优的毕业生（研究生）、优秀青年教师和党政干部中选拔、培养和使用。兼职辅导员是专职辅导员的得力助手和后备人才队伍，应按照专职辅导员标准和要求从专业教师和品学兼优的研究生、高年级学生中选配。

（二）资格准入原则

制定一套合理的适应高校人才培养新形势和新要求的辅导员从业标准，实行严格的资格准入制度，把真正能够从事大学生思想政治教育工作的人才选拔到辅导员队伍中来，是推动辅导员专业化发展的关键。从选配辅导员的资格来看，辅导员在政治原则、政治立场和政治方向上始终能与党中央保持一致，具有政治坚定性。从事辅导员工作的人员无论专职还是兼职，都必须掌握与思想政治教育相关知识，具备相关的专业技能，熟悉工作规律，具备较强的组织纪律性，有大局意识和责任意识，能模范遵守岗位制度。也要求辅导员具有良好的道德品质，具有艰苦奋斗、无私奉献的工作作风，对学生怀有一颗爱心，一份责任，善于解决工作中的难题。

（三）能岗匹配原则

运用人力资源管理的"能岗匹配"原则对辅导员进行选聘。"能岗匹配"包括两层含义：一是指某个人的能力完全胜任该岗位的要求，即所谓人得其职；二是指岗位要求的能力这个人完全具备，即所谓职得其人。这一原则要求尽可能使人的能力、特长与岗位达成匹配。如果一个人承担一个与自己的才能完全不相匹配的职位，那么将导致挫败、失望和停止发展。同样地，当他们适合承担更大的责任而没有得到晋升时，也将使专业发展停滞不前。因此，在选聘辅导员时，应根据学校长远规划、思想政治工作的发展规划，从源头把关，严格按照政治强、业务精、作风正、综合素质优良的要求，实现辅导员专业化发展。

（四）来源优先原则

当辅导员开始走向专业化之后就是一种社会职业，这就要求高校辅导员的来源不应只局限于高校应届毕业生或在职教师，而将视野拓展到更广阔的社会环境中，多层面、多渠道选拔辅导员，这是充实辅导员队伍力量、丰富队伍结构的现实需要。可以从其他高校引进优秀毕业生，引他山之石来攻玉，便于学术交流，同时管理经验也能得到交汇；可以从学校年轻专业教师和党政管理干部中，挑选一批思想觉悟高、热爱学生工作的教师担任兼职辅导员，形成以专职为主、兼职为辅的专兼职有机结合、优势互补的辅导员队伍；也可以尝试面向社会招聘一些政治思想觉悟高、富有专门工作经验、热爱学生事务管理的社会优质人员，利用他们丰富的社会经验，实现对学生的有效指导。

三、辅导员选聘的标准

严格把好选拔这一关，是高校辅导员专业化发展的关键。选聘辅导员，既要做到数量充足，又要"优中选优"，在自愿服从、合理安排的前提下，对进入辅导员队伍的人员执行严格的选聘标准。"政治强、业务精、纪律严、作风正；具备本科以上学历，德才兼备，乐于奉献，潜心教书育人，热爱大学生思想政治教育事业；具有相关的学科专业背景，具备较强的组织管理能力和语言、文字表达能力，接受过系统的上岗培训并取得合格证书。"这是《普通高等学校辅导员队伍建设规定》中规定的选聘辅导员的标准。各高校在这个标准的指导下，可以根据本校实际在某些方面提出更高的要求。选聘标准的确定要体现出高等教育事业发展的趋势，反映出高等教育事业的目标与要求，反映出辅导员工作的发展方向及其工作内容特征。总体而言，辅导员的选聘标准要注意以下几个方面。

（一）严格的政治标准

选聘过程中首先要坚持以德为先的政治标准，严格选拔政治过硬的人员充实到辅导员队伍中来。建立辅导员制度的思路就是要在教师和学生中建立一支思想政治工作队伍，从根本上保证党对高校的领导，保证我国高等教育的社会主义办学方向。因此，辅导员是思想政治教育工作者，较高的思想政治素质是高校辅导员作为思想政治工作者的学生管理者的最基本的要求。选聘的辅导员必须是一名真正的马克思主义者，具有坚定的政治方向，坚定的共产主义的理想信念、勇于坚持真理、勇于开展批评与自我批评，并同一切不良现象作斗争，言行一致，实事求是。在重大政治问题上立场坚定，旗帜鲜明，与党中央保持一致，自觉维护党和国家的利益，给学生以正确的理论指导。全面落实党的教育方针，紧密结合全面建成小康社会的实际，以理想信念教育为核心，以爱国主义教育为重点，以思想道德建设为基础，以大学生全面发展为目标，解放思想，实事求是，与时俱进，坚持以人为本，贴近实际、贴近生活、贴近学生，努力提高思想政治教育的针对性、实效性和吸引力、感染力。

（二）严格的专业标准

如今进入高校从事教学和管理工作必须具备硕士研究生及以上学历，这是大学人才引进的基本要求。因此，辅导员至少也得具备硕士研究生学历。辅导员工作本身也需要辅导员具备比本科高一级的学位。选聘辅导员不但要有利于辅导员的专业化发展，而且要有利于学校后备干部的选拔和培养。辅导员工作是一项综合性的工作，需要综合运用多种学科的专业知识，尤其需要包括马克思主义理论、教育学与心理学、运筹学、管理学、人才学等人文方面的知识积淀。另外，辅导员还应具备一定的应用性的知识，比如政治、法律、道德等方面的知识，这些知识会在辅导员的思想教育工作、道德引导工作中发挥重要作用。

（三）严格的道德标准

思想政治教育工作者是塑造和净化人类灵魂的工程师，是社会道德规范的示范者，辅导员的道德情操、作风习惯都会对大学生产生示范性的潜移默化的影响，崇高的职业道德是高校辅导员素质的灵魂。身教重于言传，要想使教育对象有良好的道德品质，辅导员必须具有崇高的道德品质和精神境界。首先，爱岗敬业。辅导员是一项非常艰苦而复杂的工作，如果不是出于对这项工作的真心热爱，是不可能出色履行职责的。其次，作风正派。作为高校德育工作者，辅导员的一言一行都是无声的教育素材，对学生的行为具有导向作用。最后，襟怀坦白。辅导员与其教育对象之间除了教育者和受教育者的关系外，还是朋友关系，只有以诚相待，才能真正赢得学生的尊重，建立起和谐的师生关系。

（四）严格的能力标准

随着社会的进步和高等教育的发展，对高校辅导员的能力要求也在不断提高标准。一是组织管理能力。每位辅导员要负责很多学生的教育和管理工作，是否具有良好的组织管理能力是辅导员能否顺利开展工作的关键。辅导员应该根据不同的学生、不同的场合、不同的时间采取不同的方式来管理学生或采取不同的途径组织学生开展活动以提高学生的各方面能力。辅导员还要懂得如何制定和使用相关的规章制度规范学生行为。二是领导决策能力。作为具有行政工作者角色的高校辅导员要贯彻执行学校的各种规章制度、组织开展各种校园文化活动，经常会碰到需要当机立断、及时予以处理的事情，这就要求他们必须具备领导决策能力。三是沟通协调能力。辅导员工作主要面向大学生，经常深入学生中间与学生进行对话和交流，不仅能拉近与同学之间的距离，而且可以更好地开展教育工作。辅导员要处理好辅导员自身、学生、班级、年级及学校相关部门等各种层次之间的关系，使集体处于最佳状态，从而卓有成效地开展工作，都需要具有较强的沟通协调能力。四是语言表达能力。辅导员是处于学校和学生之间的"媒介"，担任教育方针政策或者学校各项制度的传达、执行和向学生主管部门反映学生问题的任务，经常要与人交流，良好的表达能力是完成这些任务的关键。五是学习能力。在知识经济时代，任何既得的知识能力都不是一劳永逸的，需要在实践中通过不断学习而得到丰富或更新，辅导员工作也是如此。社会在发展，教育实践也在发展，作为一名优秀的高校辅导员，只有转变思想，树立终身学习的观念，才能适应社会发展的新形势。此外，辅导员还应能运用网络这一重要媒介开展工作。

（五）健康的心理素质

健康心理素质是辅导员高效率、高质量工作的素质保障。首先，要具有自我调控能力。辅导员工作面临各种压力，有日常工作、学习的压力，也有突发事件所带来的难以预料的冲击，这都要求一名合格的辅导员必须具有较强的自我调控能力，以应付各种复杂的局面，而且能够根据各方面的反馈信息，适当地调整自己的言行，调节自己的情绪，不断克服缺点，改进工作方法。如果辅导员具有深湛的涵养性和顽强的自制力，在保持自己心理平衡和情绪稳定的同时，还可以为学生做出表率，进而实现对学生进行心理健康教育的效果。其次，要有开朗的性格。在日常思想教育和管理工作中，辅导员要想更全面更及时地了解学生、发现问题，除了建立畅通的信息渠道，很重要的一点就是自身要具有开朗的性格，它能在师生间搭建起一个稳固的信息平台，使学生们愿意主动与老师沟通，从而为问题的解决创造条件。

四、辅导员选聘的程序

辅导员的选聘工作要在学校党委统一领导下，建立严格的选聘制度，秉承"公开、公正、公平"的原则，严格把关，规范辅导员选聘的程序，经过公开招聘、笔试、面试、审核、公示等环节选聘辅导员。

（一）公开招聘

学校组织、人事、学生工作部门和院（系）等相关单位通过招聘会或网络等各种渠道面向社会广泛发布招聘信息，包括招聘人数、岗位设置、工作要求、任职资格等准入标准和要求。职业准入标准和要求公开，实行岗位聘任，将辅导员招聘纳入正常的学校人事管理系列，使标准的科学性和程序的规范性有机结合。辅导员招聘信息和岗位要求既是广大求职者进入辅导员队伍的约束，又是引导和鼓励他们进入辅导员行列确定性的标识。辅导员招聘信息和岗位一旦公开，就明确了辅导员的基本资格、岗位要求及其人事制度，使得欲进入辅导员行列的人员能够对辅导员工作性质和工作状况抱有确定的合理预期。

（二）资格审核

审查个人呈递的个人简历以及相应的初步情况调查，从个人简历中，对应聘者学习情况、工作经历、获奖、荣誉称号等情况作大体了解，并从其原单位或他人处了解相关情况。

（三）知识笔试

考试是客观衡量所招聘人员是否具备相关专业素质的最直观的形式。笔试要邀请专家、学者设计科学合理且具有很强的职业针对性的试卷，着重考核应聘者的知识基础、思维能力、语言组织能力、文字写作能力等与思想政治教育工作相关的能力。可借鉴公务员考试方式对应聘者的基础知识与职业能力测试进行考察。要有专门的领导负责考试工作的实施和监督，要坚持公开、公正、公平的原则，考试成绩及时公示。笔试的优胜者通常按照招聘人数的1：3上报学校招聘工作领导小组，确定面试人员并通知参加面试。

（四）组织面试

面试可以设计有针对性的面试考题，着重考查应试者的口头表达能力、心理素质、逻辑思维能力、团队协作能力和临场应变能力等，同时留心观察应聘者反应，以了解其素质、作风和心态。高校应组织学校领导、教育管理方面的专家学者、学生工作的管理部门等组成面试评审组，对面试对象逐一进行单独面试，综合应试者的各方面因素谨慎选留应聘者，避免出现高分低能的现象。

（五）任前公示

借鉴各省公务员考试、事业编制考试等录用人员的方法，学校应对拟聘用人员的综合情况予以公布，接受社会各界的广泛监督，保证优秀人员加入辅导员队伍。对选留的辅导员还要进行试用期的考察，通过辅导员实际工作中的表现，确定与其相匹配的岗位。

五、辅导员选聘的管理

高校辅导员的招聘工作目前仍主要由各高校自行组织进行，职业准入的统一性、规范化的程度还不高。在高校辅导员专业化发展进程中，一方面各高校要进一步规范辅导员的准入程序和招聘办法，另一方面应加强对高校辅导员选聘的科学管理。

（一）消除两种模糊认识

一是将选拔的高标准等同于高学历。辅导员选拔的高标准，体现在辅导员与所管理学生的学科背景的较高切合度上，只有这样才能使辅导员在学生中较快建立工作威信，能够对学生的专业学习提供针对性的辅导。然而，部分高校中存在这样一种倾向，将提高辅导员的选拔标准简单地视为提高辅导员入职的学历要求，不顾学校的办学层次和实际需要，盲目提高资格门槛。这种看似严格的做法其实是对辅导员职业准入要求的简单化，学历只能代表知识水平，不能说明更多的问题。如果在选拔时一味强调高学历，而没有较高的职业思想，甚至职业精神缺失，那么再高的学历也无济于事。

二是以教师招聘程序代替辅导员招聘程序。目前，有少数高校简单地用教师招聘程序代替辅导员招聘程序，这样的做法来自对辅导员工作定位的模糊认识。教师招聘程序是专门针对教师的工作性质和工作要求量身定做的，如果说教师招聘程序重点考察的是学术知识和水平，那么辅导员招聘程序则突出强调的是政治思想素质和职业工作能力。两者虽然同属高校教师序列，但存在着较大的不同，不能相互取代。如果以教师招聘程序代替辅导员招聘程序，那么就会出现学术水平高而职业素养低的现象，长此以往，辅导员队伍的整体工作能力和基本职业素养就难以得到保证，严重时将会影响辅导员专业化的进程。

（二）多渠道的选聘

目前国内高校选拔辅导员主要有四种方式，即向社会公开招考，从本校毕业生中选聘，从他校引进毕业生和从本校教职工中选聘。通过多渠道的选拔，可以吸纳优秀人才加入辅导员队伍，有利于提高辅导员队伍的综合素质。

（三）职业标准的动态管理

职业标准可以说是一个独立的标准体系，它需要动态地管理。辅导员的准入要求应该随着社会需求和高等教育水平的变化而变化。辅导员职业标准的动态管理既需要制度的规范与支撑，更需要制度的鼓励与引导，这是大学制度建设中的一项重要内容。就目前而言，在高等教育领域内成立辅导员行业协会，建立统一的辅导员职业标准，并依托专业协会对职业标准进行动态的管理，动态地对各校的专业化程度进行统一评估，才能提高辅导员的专业水准，才能形成相对规范统一，又能动态调节的辅导员选聘机制。

第三节　高校辅导员专业化发展的培训制度

随着我国市场经济和高等教育大众化的深入发展，高校辅导员工作已经成为现阶段我国社会分工的一个重要领域，成为一个不可缺少、不可替代的重要职业岗位。目前，教育部已经把高校辅导员培训作为高校辅导员专业化发展的一项重要内容。辅导员的教育培训工作是一个系统工程，必须在完善制度上下功夫，要不断拓宽高校辅导员的发展空间，建立专业化、科学化的辅导员学习、培训和提高制度，从制度建设入手并以制度建设为保证，不断提高政治辅导员的素质和能力。

一、高校辅导员培训的意义

培训是指各高校为适应业务及培养人才需要，用补习、进修、考察等方式，对辅导员进行有计划的培养和训练，使其更能胜任现职工作，并能在将来担任更重要的职务。培训与开发是人力资源管理的重要内容，也是人力资本增值的重要途径。当今社会，科学技术和教育领域的发展变化日新月异，辅导员队伍只有不断接受培训，转变观念、更新知识、提高技能、发展能力，才能适应时代的要求。不断重视和加强辅导员培训工作对确立辅导员的专业地位、稳定辅导员队伍、提高辅导员专业素养、帮助辅导员从事科学研究等方面都具有重要的实践价值。

（一）有助于确立辅导员的专业地位

确立辅导员专业地位是专业化发展的关键，而辅导员专业地位的确立是有条件的：一是具有辅导员专门的知识体系；二是具有专门的职业教育或训练；三是建立专门的话语结构和理论体系。而辅导员培训正是以其合理和专门的知识体系和教育训练促使辅导员在思想上、政治上、专业上尽快成熟起来，以其独有的话语结构和专门的知识体系提高辅导员的学术声誉和社会地位，吸引人们开始以新的眼光来审视和看待辅导员工作，从而使这一职业成为令人尊敬和羡慕的职业。

（二）有助于稳定辅导员队伍

构建一套完整的培训体系，使辅导员获得专业的依托感是稳定辅导员队伍的关键。一是培训能明确辅导员的角色定位，增强职业认同感，通过培训可以满足作为高等学校教师队伍重要组成部分的辅导员的资格需求，使他们说话有底气，工作有能力，激发自信心和创造性。二是培训能使辅导员掌握坚实的专业知识和技能，为考核和晋升等提供基础与条件，为辅导员的未来发展奠定基础，从而使培训成为稳定辅导员的重要举措。

（三）有助于提升辅导员的专业素养

专业素养的提高离不开系统的学习和培训。系统的培训能帮助辅导员正确认识大学生思想政治教育工作的性质和特点，树立明确的专业理念；也能保障辅导员专业知识和能力的提高落到实处；还能帮助辅导员理清工作思路，提升工作水平和效能。总之，培训有助于使辅导员从事务型、经验型走向学习型、专家型，不断提高辅导员的专业化素养。

（四）有助于提高辅导员的科研水平

系统的培训能帮助辅导员把实践中的感性认识上升为理性认识，也能帮助辅导员学会并探索新的研究方法，还能引导他们发现和探索新的问题，从而进一步开阔辅导员的知识视野，提高辅导员的科研能力和水平。

二、高校辅导员培训的目的与原则

（一）高校辅导员培训的目的

高校辅导员培训的目的着重于辅导员的专业成长，促进辅导员队伍整体素质的提升。具体来说，要通过培训达到辅导员三个方面的提升：一是培养辅导员健康高尚的思想政治素质和品格，这是任何情况下做好辅导员工作的先决条件。二是要培养辅导员宽广的知识面。当代青年大学生的思想政治状况、专业方向、性格爱好、心理特征等均表现出了不同特点的价值取向，使得辅导员工作的复杂性大大增强，为了更好地完成学生工作，宽广的知识面必不可少，这同样也是辅导员培训中最为重要的关键部分。三是要培养辅导员的一技之长。现代教育工作需要辅导员具备多元能力，但是，一个人不可能在所有方面都具有同样的发展空间，辅导员的培训必须结合每个辅导员自身的特点，促使其成为某一方面的专家。高校辅导员培训是提高辅导员专业化程度的重要手段，但这一目的的实现，要求在培训过程中遵循一些基本原则，这些原则是完成培训任务和实现培训目标的重要保证。

（二）高校辅导员培训的原则

1. 激励性原则

激励，就是激发人们的动机，向所期望的目标前进。组织激励是调动组织成员为实现组织目标而共同努力的主要动力。培训是一种激励，通过将培训与考核、奖惩、晋升等政策挂钩，培训可以成为很好的激励手段。培训的结果总是取决于参与培训人员的热情和主动性，即积极性。因此，如何调动人的积极性，就成了做好培训工作必须考虑的根本问题。如果通过培训，辅导员求得了自身的发展，他们就会乐于参与并积极支持培训，变"要我学"为"我要学"。同时，如果将培训按照年龄、工作时间、职务分组进行，对于提高辅导员的工作积极性，增强其荣誉感，提高工作效率有着十分重要的作用。

2. 针对性原则

高校辅导员的工作具有政治性、教育性、服务性、直接性、复杂性、烦琐性等职业特点，随着时代的发展和高校教育体制的改革，特别是受全球化、网络的普及化、高等教育的大众化的影响，辅导员工作面临的繁杂事务更多了，辅导员所担任的任务也较以前更重了。因此，为辅导员量身定做设计培训内容，必须密切结合辅导员职业发展定位，为辅导员指明职业发展的方向，促进他们对职业全面认识、对职业发展合理规划，从而推进辅导员的专业化发展。

3．差异性原则

辅导员存在着学历、年龄、工作经历、职务等方面的差异，要承认辅导员个体之间的差异，培训就不能千篇一律，而应尽量考虑到他们各自的特点，因材施教，区别对待。我们应根据各种层次辅导员的不同状况，选择不同的培训内容，采取不同的培训方式。在培训形式上既要坚持集体培训、重点培训和层次性，还要做好个别辅导、全员培训和平衡性；在培训内容上既要有辅导员基本工作技能和业务知识的培训，还要有辅导员个人心理健康培训、职业发展规划和设计等内容。

4．系统性原则

在培训总体安排上，要把培训的阶段性与整体性、系统性与层次性、短期培训与中长期培训等紧密结合起来，注意系统学习和分段、分层学习相结合，避免无计划开展培训。在培训课程设置上，要兼顾辅导员的职业知识、技能和态度培训，还要关注辅导员的职业生涯发展，增强辅导员可持续发展的素质与能力。在培训程序控制上，既要进行培训，还要进行培训评估；既要有布置，还要有切实落实；既要有制度安排，还要有监督管理。实行系统管理，加强对培训过程各个环节的质量监控，能切实保证培训质量。

5．实践性原则

培训的最终目的是把辅导员工作做得更好，这就要求培训要适应国家要求和社会发展需求以及辅导员和大学生的特点。所以辅导员培训不能简单依靠单一的课堂教学，而应千方百计创造实践机会，紧密联系新的形势和任务，联系辅导员的思想和工作实际，把学习理论同解决问题、总结经验、推进工作结合起来，使辅导员通过实践体会要领，真正掌握所学的内容，及时将培训与推动实际工作紧密结合起来，用先进的思想观念指导并推进实际工作。唯有这样，才能在有限的培训时段使受训辅导员收获知识和技能。

6．长期性原则

高校辅导员的培养不可能是一次性就能完成的，需要在高校的工作实践中持续进行，是一个终身发展的过程，应使每一个辅导员树立终身学习的理念。要以战略眼光去组织辅导员培训，正确认识智力投资和人才开发的长期性和持续性，这是一项周期长、见效慢但却是关乎国家大计和民族未来的、极具牵动性的长远投资。

三、高校辅导员培训的内容与形式

（一）高校辅导员培训的内容

建立高校辅导员的专业培训体系，使辅导员向着职业化方向发展，这是安定辅导员工作情绪的基本保证，也是这支队伍良性发展的内在要求。对高校辅导员的培养应坚持从实际出发，针对解决现实问题对培养内容进行科学定位。结合各学校实际情况，从提高辅导员职业能力角度出发，不同种类的辅导员培训应实施不同的培训内容，或某些培训内容在不同类别的培训中应有所侧重。从各类培训的内容设置上看，以下内容基本是共通的。

一是思想政治教育培训内容。高校辅导员思想政治教育的培训课程包括三个方面素养的培训内容：首先是政治素质内容，主要包括政治理论和政治知识、政治观念和政治意识、政治理想和政治信念、政治热情和政治作风、政治阅历和政治经验等内容。其次是马克思主义理论内容，主要包括对马克思列宁主义、毛泽东思想、邓小平理论、"三个代表"重要思想、科学发展观、习近平新时代中国特色社会主义思想。最后是道德品质素质内容，主要包括职业道德、政治道德、社会公德和群体道德等方面的内容。

二是心理健康教育培训内容。心理健康教育的培训内容主要包括两个方面：一方面是辅导员自身健康发展方面的培训内容。同样面临着学习、工作和生活上压力的高校辅导员，自身具备健康的心理素质不仅影响教育管理，而且影响大学生的个性及其身心发展，因此通过培训，辅导员掌握了自我心理调适的方法，能促使其更好地开展教育工作。另一方面是心理健康教育工作方法的培训内容，在日常生活中，许多大学生遇到困惑都习惯找辅导员寻求帮助，所以加强对大学生的心理健康教育，对大学生进行心理问题疏导是辅导员的一项重要工作，因而对辅导员进行相关的心理教育及咨询技能的培训，使其获取相关的专业知识和技能，能够及时处理相关的心理危机事件，提高辅导员的心理健康教育工作水平。

三是学生事务管理培训内容。学生事务管理是辅导员工作的一项涉及很多方面的重要内容。学生事务管理的培训内容一方面要围绕学生日常事务管理的关键环节开展培训，如学籍管理、奖惩管理、宿舍管理和社团管理等。可以举办专题讲座，帮助辅导员掌握各项工作原则，加深辅导员对工作的认识。另一方面要着重管理方法、技巧的培训，可以通过讲授法、讨论法、案例研讨法等方式进行，提高辅导处理日常事务的能力，减少工作摸索时间，提高整体工作效率。特别要注意结合网站等学生管理工作的新途径增加培训内容，从而赢得网络思想政治教育的主动权。

四是就业指导教育培训内容。就业指导实际上是对学生进行职业观教育、职业选择分析、职业心理分析、职业生涯设计的过程，也是提供职业信息和进行职业素质培训的过程。就业指导方面的培训内容首先包括职业发展规划方面的培训，通过专业教师对辅导员进行相关的教育培训，更好地认识学生所学的专业以及专业的行业背景、现状和前景，在与学生良好的沟通中提高就业指导的效果。其次，对辅导员进行素质测评软件使用的培训，安排辅导员参与学生职业实践，鼓励辅导员开设职业指导课程，获取职业指导师资格，成为学生职业指导方面的专家。

当然，上述四个方面并不是辅导员培训内容的全部，只是培训的重点和主线，走向专业化发展的辅导员需要学习和培训的内容还有很多，应该进一步关注相关内容，从而使高校辅导员的培训内容不断丰富和完善。

（二）高校辅导员培训的形式

高校辅导员的培训要满足广大辅导员的内在学习需求，促使他们主动发展，让辅导员在学习中发展，在学习中提升。因此，要制定实施辅导员培训规划，根据辅导员不同时期的特点，不同专题的培训选题和内容，选择不同的培训方式。

一是岗前培训。根据辅导员"先培训，后上岗"的准入机制，岗前培训是辅导员上岗之前的必经环节。岗前培训一般利用上岗前的暑假集中进行，可以由省、自治区、直辖市教育行政部门的辅导员培训和研修基地承担，也可以由各高校自行负责。内容包括辅导员的工作职责、辅导员考核细则、怎样做好辅导员、大学生容易发生的违纪现象及对策、大学生已出现的心理问题及调节方法、突发事件处理方法等，当然培训还应包括教育学、心理学和管理学的核心内容以及网络知识等。培训方式一般有讲座、观摩、实践、交流等，帮助辅导员尽快熟悉工作，了解业务，提高适应岗位的能力。

二是日常培训。建立辅导员不断提高理论和业务素质的日常培养机制。日常培训的目标应该是促进辅导员不断强化应该具备的政治、道德、文化、心理等基本素质，强化应该具备的终身学习的能力、口头及书面表达能力、信息处理能力、科学研究的基本能力，强化应该具备的指导校园文化活动和社会实践，指导毕业生就业，教育、管理和服务学生，为大学生办实事、做好事、解难事，为大学生提供心理健康咨询和服务，确保学校稳定和应对突发事件等工作能力。培训内容涵盖思想政治教育、学生事务管理、心理健康教育、职业生涯规划等类别，帮助辅导员学习思想政治教育、时事政策、管理学、教育学、社会学和心理学以及就业指导、学生事务管理等方面的专业知识和技能。按照学为所需、学有所获、获有所用、用有所成的原则，以新理论、新知识、新技能教育培训为重点，以辅导员实际学习需求为出发点，全方位、多层次地开展培训工作。总之，学生工作的全面开展需要有较高素质的辅导员的倾心投入，日常培训可以促进辅导员更新知识、转变观念、深化认识、提升素质，培训应该贯穿辅导员工作的全过程。

三是专题培训。专题培训是指辅导员在岗过程中，针对工作对象、工作重心和工作水平的不同，以专题形式对辅导员进行新观念、新知识和新技能的培训。随着我国改革开放的深入发展，形势在不断变化，大学生的思想也将随着形势的变化而变化，思想政治和管理工作的内容和形式都在随时随地发生变化。这就要求辅导员必须面对新形势、新情况，不断加强专项技能的训练，加强组织行为、领导艺术、人际沟通、班团组织建设、就业指导、网络知识和心理健康教育知识等方面的培训。专题培训适用于提升辅导员面对新形势、新情况开展工作的应变能力，也适用于辅导员申请认定职业指导师和心理咨询师等职业能力资格，还适用于针对辅导员队伍中的不同专业背景和其他层次差异的培训。

四是骨干培训。骨干培训就是站在辅导员专业发展和队伍建设的高度，针对优秀辅导员开展的专家化培训，把他们培养成思想政治教育专家、教育管理专家、心理咨询专家、就业指导专家等专家型高校辅导员。高校要选拔推荐一批从事思想政治教育的骨干继续深造，定期举办骨干辅导员培训班，积极组织学生工作系统的专项工作研究和理论研讨活动，通过社会实践、挂职锻炼、参加国内国际交流考察等多种方式，帮助他们开阔视野，更新观念，不断提高辅导员的专业素质和理论素养，提高他们的工作能力和业务水平。

五是学历培训。高校要大力支持辅导员在做好大学生思想政治教育工作的基础上攻读相关专业学位，提升辅导员的专业化水平，培养和造就一批辅导员成为思想政治教育工作方面的专门人才。学历培训一般脱产进行，脱产参加学历培训，可以使辅导员从事务性的工作中完全解脱出来，静下心来学习理论，有利于对工作经验和工作规律的反思、总结和升华，使他们真正成为大学生思想政治教育和管理工作的专家。有条件的高校可以根据工作要求，在本校推荐免试在职攻读硕士、博士研究生或单独组考招收他们在职攻读研究生学位。其他不具备条件的高校应积极创造条件和机会，推荐或保送优秀辅导员攻读相关专业研究生或第二学士学位，提高学历层次，学成以后回校专职从事学生工作。

六是国外培训。国外培训和研修是提升辅导员素质和能力的重要途径。西方发达国家在学生事务管理、大学生咨询与指导方面，有很多理论与方法是值得我们学习和借鉴的。高等学校要积极选拔优秀辅导员参加国际交流、考察和进修培训，积极联系国外或港台地区培训机构和专业学会，开展形式多样的国际合作培训，促进辅导员掌握学生教育管理的先进技术与方法。

四、高校辅导员培训的管理

(一) 创新培训理念

培训理念的创新是培训工作的先导和核心。要逐步确立"多种方式并举、多种方法并用、知识能力并重、德才学识艺全面协调发展"的培训理念。具体地说，在辅导员培训工作中，要树立以下创新理念。

第一，树立"人才资源是第一资源"的观念。人的素质是事业成功的决定因素。培训是开发人才资源、提升人的能力的基本途径。各教育部门和高校应坚定不移地贯彻把德育放在首位的方针，从战略高度充分认识加强学生思想政治工作的重要性和必要性，努力培养一批既懂现代教育理念又通管理科学的专业化、职业化高校学生管理干部。

第二，树立终身教育观念。人不论处于哪个年龄段，都应继续参加教育与学习，且不拘于传统的学习与教育形式。高校辅导员作为一种职业，其自身的发展是职前与职后综合培养的结果。作为职业化的高校学生德育工作者，应把辅导员工作作为个人事业发展与学校宏观发展的有机结合体，而不应该将从事学生工作视为跳板或者是一个临时岗位。

第三，树立团队学习观念。学习不仅包括个体学习，还应包括组织的团队学习，团队学习能力的提高与个体学习能力的提高同样重要，要把整个高校思想政治教育队伍特别是辅导员队伍建设成学习型的团队，促进辅导员队伍综合素质和能力的整体提高。

第四，树立学习也是工作业绩的观念。学习是个人与组织工作出实绩的重要手段，学习成绩也是工作业绩的一个表现方面，要把培训学习情况纳入辅导员的考核体系，并和奖惩、福利以及职业发展挂钩。

(二) 整合培训内容

为了使高校辅导员培训内容具有针对性，就必须对高校辅导员培训内容进行有效整合，整合高校辅导员培训内容应从以下几个方面着手。

第一，培训内容与培训需求相适应。培训的内容要切合辅导员的实际工作，以防引起被培训人员的抵触情绪。依据培训需求，设计培训内容，最大限度地满足受训辅导员的具体需要。比如，当高校辅导员对心理咨询及生涯规划方面知识有需求时，可强化对高校辅导员心理咨询及生涯规划方面的培训。

第二，培训内容与培训层次相适应。一方面不同的培训层次需要有不同的培训内容，要重点突出，层次分明，确保培训内容的深度和广度与特定培训层次受训辅导员的接受能力相匹配；另一方面各培训层次的培训内容前后衔接，相互关联，确保培训内容的延续性和培训过程的完整性。比如，辅导员岗前培训重点是对新任辅导员进行思想政治教育基本理论、学生工作相关政策及学生工作基本内容等方面的基础培训，以便辅导员能够较好地适应工作；辅导员日常培训重点是对在岗辅导员进行政治理论、思想政治教育、学生工作业务、心理健康教育等方面的强化培训；辅导员高级研修重点是对有意向攻读硕士、博士学位的辅导员进行马克思主义理论和思想政治教育方面的研究生课程研修培训。

第三，培训内容要不断更新。培训内容要与时俱进，紧随时代的发展和高校学生工作的开展而不断更新培训内容，应该能体现辅导员培训相关学科的最新科学研究成果，不断为辅导员提供优质的工作理念和工作方法。

（三）优化培训模式

对辅导员的培养要有一定的模式，各高校要根据自身的实际情况探索符合本校的辅导员培养模式。优化高校辅导员培训模式主要有两种：一种是在高校设置辅导员专业，进行专业培养，高校可以尝试依托马克思主义理论一级学科下的思想政治教育专业及相关的哲学社会科学等二级学科，招收思想政治教育方向的研究生；依托教育学、心理学、社会学、管理学等相关学科，招收学生发展指导方向的研究生；依托法学、政治学等相关学科，招收学生事务管理方向的研究生。另一种是改革现有的培训模式，实现培训目标的层次性、培训课程的菜单式、培训方式的多样性和培训管理的动态性。培训目标的层次性就是根据不同类别辅导员的特点，分别就受训层次、职位需要、知识结构以及能力水平等具体指标提出不同的目标要求，同时对辅导员提出不同阶段的目标和要求；培训课程的菜单式就是根据按需施教的原则，采取专题设置的课程模式，让不同层次的辅导员各取所需，在完成基本素质培训的基础上实现个性化发展；培训方式的多样性是要在培训中依据培训对象和课程内容，设计不同风格的培训方式，主要有自主参与型、重视实践型和互动交流型三个方面，引导辅导员将教育与自我教育、提高与相互提高、理论与实践紧密结合；培训管理的动态性主要是根据培训情况的动态，实施跟踪管理，建立科学、准确、灵敏的信息服务系统与网络，完善对辅导员能力素质的动态观察和考评。

（四）构建培训体系

高校辅导员的培训是要通过对辅导员专门性的管理和培养，使辅导员掌握高校学生工作的知识和技能，实施专业自主，表现专业道德，提高自身的学术地位和社会地位，全面有效地履行辅导员职责的过程。要实现高校辅导员的专业素养的提升，需要构建终身性专业培训体系。

第一，高校辅导员培训工作需适应教育的战略性变化。高校辅导员培训工作应彰显积极创新的教育理念，以教师教育转型为导向，以服务于高等院校分级发展为目标，促进辅导员专业的发展，开拓创新高校辅导员教育工作。

第二，高校辅导员培训工作应顺应一体化教育潮流。高校辅导员培训工作必须考虑如何做好职前、入职与在职一体化的问题。职前教育旨在帮助高校辅导员掌握一定的专业知识，为其从事辅导员职业奠定基础，因此应侧重本体性知识、条件性知识的培训，并力求理论课程的实践化。入职培训旨在引导高校辅导员把职前所学到的知识运用于实践，以便较好地适应工作，培训的主要内容是帮助辅导员树立专业思想，学习辅导员专业规范和要求，实现辅导员角色的转换。在职培训主要是帮助高校辅导员进行实践反思与行动研究，并不断地接受新的教育信息，使已有的经验得到升华，在此基础上推动自己的专业发展，培训的主要内容是注重专业规范的内化以及职业精神的保持与发挥。

第三，高校辅导员培训工作应体现专家型辅导员的培养目标。高校辅导员培训工作应根据高校学科带头人培养工程的要求，推进高层次的高校辅导员培训，促进专家型辅导员的培养。在这些方面要求政府能制定出更为合理可行、更切合高校实际和更有利于高校辅导员职业素养持续提升的政策和文件。

（五）完善培训评估

对培训进行评估，既是对培训本身的考察，也是对个体能力潜质的再认识。评估结果也是奖励、晋升、综合考核的可靠依据。根据培训的不同形式，完善科学的考核评估机制是提高培训实效的客观要求。培训评估应包括绩效评估和责任评估两项。绩效评估是以培训成果为对象进行评估，包括接受培训者的个人学习成果和其在培训后对组织的贡献。责任评估是对负责培训的部门或培训者的责任的评估，其目的是进一步明确培训工作方向，改进培训工作。

对于辅导员培训的绩效评估指标可以从以下四个方面进行分析：一是反映指

标。测定受训者对培训计划的反映，在培训结束过后，可设计问卷，对辅导员的培训感受、满意度等进行调查，以掌握辅导员对培训工作的真切体会。二是学习指标。受训者对培训计划中提供的知识和联系的技能的理解和掌握的程度，通过培训前后的测试，比较参训者培训前后测试的分数，观察在培训后分数是否有所提高。三是行为指标。依据受训者经过培训后在实际岗位工作中行为的改变，判断所学知识对实际工作的影响效果。可以通过主管部门、学院领导、学生等相关人员的访谈评估来确定，也可以通过量化考核来评价。四是成果指标。测定受训者在培训后对学生管理维度中一些效果的改善程度。如辅导员所负责年级或班级学生考试作弊人数和不及格率、缺课率、学习困难生转化情况、学生日常违纪数量和程度等，都可以作为衡量的指标。

对于教育部及其培训基地、高校培训机构的责任评估指标可以从培训计划、培训设施、培训师资、培训教材、培训成果等方面进行评估。

（六）建立培训基地

第一，设立国家培训基地。教育部应设立专门的辅导员培训基地，定期对全国的辅导员进行业务培训，同时应设立专项资金开展全国性的高水平的辅导员培训。另外，国家教育部还应制定和出台有关辅导员培训质量的评估标准，加强对辅导员培训基地的监管和培训质量的检查，提高基地的培训质量。全国高校辅导员培训基地的任务有两个：一是承担教育部下达的面向全国高校辅导员的培训任务；二是承担辅导员在职攻读硕士、博士学位的高级研修任务。

第二，各省市设立辅导员培训中心。在高校辅导员专业化发展的背景下，各省市应设立辅导员培训中心，专门负责对辅导员的专业理论和专业技能的系统培训，使辅导员掌握教育学、心理学、管理学等学科的基础知识。培训中心应具备系统的培训计划、规范的培训模式和严格的考核标准。辅导员每学期都应有一段时间进行培训和交流，培训考核结果可与岗位考核和年度奖金分配挂钩。培训中心要充分发挥省级教育主管部门的协调作用，集中省内外的优势师资力量，实现资源的有效整合和共享，加强辅导员校内、校与校、省与省以及国际的交流，这是辅导员开阔眼界、启发思维、拓展思路、取长补短、促进工作最为有效的途径。

第三，建立辅导员协会。通过定期举行专业研讨会，加强学术交流和职业研讨，例如举办全国性甚至是国际性的学生事务管理会议，邀请国内外知名专家进行学术交流，从中吸取有益的经验，促进辅导员工作的科学化、规范化。鼓励辅导员开展科研工作，在学术研究中总结辅导员工作的经验。

第六章 高校辅导员专业化发展的考评激励机制

辅导员的考评和激励是职业发展的重要保证,科学合理的考核评价体系和规范的激励制度可以提高辅导员工作的积极性,激发其工作热情和内在潜力,使辅导员把自己的智慧、能力和需求与职业要求结合起来创新性地开展工作。

第一节　高校辅导员专业化发展的考评机制

考评是科学管理和评价辅导员的重要环节,辅导员工作考评是明确辅导员角色定位、工作定位、工作职责和素质要求的重要手段,是实现辅导员专业化的重要保证,是一项带有指导意义的常规工作。进一步完善和健全辅导员队伍的考评机制,切实强化辅导员队伍的考核工作,使辅导员工作的绩效真正得以体现,才能保证辅导员队伍留住人才,实现可持续发展。

一、辅导员考评的意义

高校辅导员的考评是对辅导员在一定时期内的学生教育和管理工作作出评价的过程,是对辅导员在工作中的成绩和不足进行系统描述,是一个多方位、多层次、多角度的系统工程。建立科学的考评机制,实施严格的考核,对于激发辅导员的职业意识,提高辅导员的职业能力水平,强化辅导员的职业地位和职业影响力,实现辅导员的专业化发展具有重要的现实意义。

(一) 有助于明晰工作职责

工作职责需要考评予以明晰和确认。考评指标依据职责而定,通过对具体工作职责的诸项考核,就能使辅导员工作时主动履行职责,认真计划其所承担的任务,认真研究其工作的方法和手段,认真检查其工作落实的效果,真正形成责任明确、职能清晰的学生教育与管理的局面。

(二) 有助于增强责任意识

辅导员面对的是一个个有思想、有主见但并不完全成熟的大学生。因此,辅导员对工作的责任意识至关重要,每一个辅导员必须像对待自己的亲人一样,以为学生成长成才负责的态度,尽心竭力地工作。这种责任意识主要来自对工作的考核、对成绩的认定。如果没有考核,责任意识就会逐渐消失在漫无边际的繁杂事务之中。

（三）有助于提高专业素养

辅导员工作是做人的工作，人的思想性决定了做人的思想工作比做任何其他工作都更难、更复杂。特别是现在的大学生，思想活跃，接触面广，信息来源渠道多，在给学生以积极影响的同时，负面的影响也无法避免。这就对辅导员的知识面、素质和能力提出了严峻的挑战。没有压力就不会有足够的动力，没有动力就不会有主动提高素质的强烈愿望。如果没有对辅导员工作的考核，素质的欠缺、能力的不足并不一定引起每一个辅导员的足够注意。

（四）有助于调动工作热情

目前就整个社会来说，辅导员的工作并没有被完全认同，有时只被学校作为校园稳定的工具和"消防员"，这就在一定程度上影响了辅导员积极性的发挥。而只有通过对辅导员的考评才能分出好中差，奖励优秀的，鼓励上进的，督促落后的。辅导员也可以通过自我总结、横向比较，增强自己的信心，找出自己的不足，坚持好的，改正错的，把外在要求变成内在动力，激发出努力工作的热情和积极性。

（五）有助于合理奖优罚劣

辅导员是学校乃至社会党政管理干部的重要来源和可靠的预备人员，也是学校人才工程的重要后备力量，辅导员工作取得成绩后，获得奖励、委以重任、提升职务、晋升职称是正常的。同样，工作出现了重大失误或失职，也会受到批评、教育、处罚，甚至被降职降级。然而这种升降奖罚必须建立在科学的考评基础上，将考评结果作为其重要依据，奖优罚劣。

（六）有助于优化队伍建设

辅导员工作是一门科学，辅导员队伍必须按照"高进、严管、精育、优出"的原则不断优化。这种优化的前提必须建立在科学的考核基础上，通过考核，鼓励辅导员努力工作，勤奋钻研业务，给优秀辅导员以优用重用，促进辅导员队伍合理流动，实现辅导员队伍动态平衡，逐步实现辅导员队伍的专业化和整个队伍素质的提高。

二、辅导员考评的原则

建立科学合理的考评制度是实现从职业认同感着手进行高校辅导员专业化发展的重要保障。考评原则的确定是前提条件，在辅导员考评的具体操作过程中，正确把握原则是保证辅导员考评工作公平合理的关键。在辅导员考评工作中应遵循以下原则。

（一）科学性原则

辅导员考评必须充分反映辅导员工作的性质和特点，因此辅导员考评需要遵循科学性原则，科学设置考核内容体系、考核标准、考核程序、考核方法等。科学性原则首先要求客观，应当依据明确的考评指标体系，针对客观的考核资料进行考评，尽量避免感情因素的影响，以辅导员德、能、勤、绩的实际表现为依据，切忌凭主观印象下结论，各项考核用事实说话，实事求是地反映辅导员的各项工作，使被考核对象心悦诚服。科学性原则其次要求公正，在辅导员工作考评的全过程中，始终把公正公平贯穿于考评工作的每一个环节之中。在制定考评细则时，方法要公平，内容、标准和结果要公开。做到考核过程透明，考核结论公正，考核结果要及时反馈。

（二）导向性原则

考评不是目的，仅仅是一种手段。它的根本目的是通过评估促进辅导员各项工作的完成，提高工作质量和效率，激励辅导员朝着正确的方向发展，促进辅导员队伍建设，以评促建，以评促改，评建结合，重在建设。因此，辅导员考评需要遵循导向性原则，强调辅导员考评要突出重点和难点。一是要突出事业心和责任感。辅导员只有具备了强烈的事业心和责任感，才能热爱学生工作，继而把本职工作做好；二是突出工作业绩。对辅导员工作的考评，关键是考核其工作业绩。始终坚持以业绩为主，科学、准确地评价辅导员履行职责和完成任务的情况，以便与考核标准进行比较，对辅导员实施有效的奖罚和有针对性的培养，同时通过考核提升其薄弱环节。

（三）全面性原则

辅导员考评必须对辅导员进行全方位的考核，遵循全面性原则。全面性原则要求辅导员考评要尽量全面涵盖辅导员的各项工作，尽可能做到质与量的结合、点与面的结合、常规与创新的结合、过程与结果的结合。在具体工作中，就是要保证细化的考核项目能涵盖德、能、勤、绩的各个方面，不仅要考察其思想政治素质、职业道德、组织纪律、协作精神、工作能力，还要考察其工作实绩。只有这样，才能全面反映辅导员的实际表现，促使辅导员不断自我完善。

（四）操作性原则

在制定辅导员工作考评体系时必须考虑到可操作性，才能使各个职能部门和辅导员相信考评的公正性和可行性。第一，要求考评标准具有一致性。对所有的被考核对象采用一致的考核标准，考核基础数据、考核标准和考核方法要前后一致。这样才能减少评估时的"弹性"，强化考核指标的"刚性"。同时深入辅导员工作中去，区分被考核对象的工作差异，针对辅导员的实际情况制定相应的指标，以便于辅导员的工作指导及考核者的打分。第二，要求反馈结果具有及时性。考核与评估的结果要及时反馈给辅导员，这样才能让辅导员及时了解自己的优势和劣势，明确自己的位置和应采取的对策，激励其互相学习、互相竞争，以更饱满的工作热情投入大学生思想政治教育工作中去。

三、辅导员考评的内容

对于辅导员的考评工作不仅是辅导员队伍管理的重要内容和重要环节，而且是加强辅导员队伍专业化发展和增强高校学生工作实效性的重要措施。科学、合理、符合实际的、更加完善的辅导员考评内容是极其重要和急需构建的。对辅导员的考核，主要是从德、能、勤、绩四个方面进行。在实际考核工作中，必须将这四个方面细化为具有操作性、可测性的具体项目。

一是对高校辅导员的"德"进行考核。主要考核高校辅导员的政治思想素质、工作作风、理论政策水平和品质修养等方面的素质，尤其应注重通过对高校辅导员的思想作风等多方面的考核，了解和把握高校辅导员的思想政治素质。

二是对高校辅导员的"能"进行考核。主要考核高校辅导员是否具有胜任本职工作的能力。具体地说，就是看其是否具有运用马克思主义的立场、观点和方法来分析、研究、解决实际问题的能力；能否将理论准确运用于实际工作之中，在班级管理中是否有凝聚力，是否具备日常学生管理工作能力，即决策能力、处事能力、协调能力等。

三是对高校辅导员的"勤"进行考核。主要考核高校辅导员的工作作风和工作态度，是否能坚守岗位，认真履行辅导员职责，参加院系组织的各项活动，能否与学生建立良好的师生关系，定期深入学生宿舍、教室，能经常到学生中去，及时了解和掌握学生的思想动态，关心学生的学习、生活、工作，解决学生的问题和困难。可以据此制定相应的子项目，如每月深入班级或学生公寓的次数、每月听课次数等。

四是对高校辅导员的"绩"进行考核。主要是考核高校辅导员的工作数量、质量、效益和贡献等方面的情况。具体考核所带班级的学风建设、班风建设、到课率、心理健康教育情况、党团活动的开展情况、寝室卫生状况、事故率等。考核中应注意从具体的时间、地点、环境中，辩证地分析外部条件和内部条件、有利条件和不利条件、一般条件和特殊条件，从而了解高校辅导员取得实绩的主观能动性，客观地判断一个高校辅导员在特定的环境中，其主观努力的具体表现和取得成绩的工作才能，把高校辅导员的实绩考准。这一部分的考核是最重要的内容，既包括了辅导员的基础性工作成果，如思想教育、行为管理、班风学风建设成果等，也包括了学生党建、帮困助学等专项成果，在辅导员考核中应占最大比重。

此外，还需要对高校辅导员理论学习和业务学习进行考核。把高校辅导员理论学习和业务学习作为单独一项素质内容进行考核，是一些高校在高校辅导员进行考核方面的创新性做法。

四、辅导员考评的方法

加强高校辅导员队伍建设，还应根据政治辅导员的工作内容，研究建立一套关于辅导员工作的科学考核方法。考核方法是获得对高校辅导员的正确认识和评价，在考核活动中所采取的手段和工具。近年来，部分高校以实现高校辅导员考核民主化、科学化、制度化为目标，对高校辅导员考核方法进行了大胆的探索和积极的改革。

（一）360度绩效考核

360度绩效考核也称为全视角考核或多个参评者考核。就是由被考核者的上级、同事、学生以及被考核者本人担任考核者，从多个角度对被考核者进行360度的全方位考核，再通过反馈程序，达到改变行为、提高绩效等目的。各类考核者形成了360度考核方案的主体，使考核信息的来源更全面、更详细，也更具体。同时，各类信息之间能够互相补充、互相验证，从而保证绩效考核的可靠性和有效性。

（二）目标管理法

目标管理就是管理组织部门与辅导员一起制定目标，根据辅导员对自己成果的预想来规定辅导员的职责范围和分目标，在规定的考核周期末，对照原定目标来考核实际绩效，找出成绩和不足，然后再制定下一个周期的绩效目标。目标管理必须建立一套完整的目标体系，并保证能有效地执行和实施。

（三）德尔菲法

德尔菲法依据系统的程序，采用匿名发表意见的方式，即专家之间不得互相讨论，不发生横向联系，只能与辅导员发生联系，通过多轮次调查专家对问卷所提问题的看法，经过反复征询、归纳、修改，最后汇总成专家基本一致的看法，作为预测的结果。这种方法具有广泛的代表性，较为可靠。德尔菲法作为一种主观、定性的方法，不仅可以用于预测领域，而且可以广泛应用于各种评价指标体系的建立和具体指标的确定过程。

五、辅导员考评的程序

目前辅导员的职业考评工作仍主要由各高校自行完成，在考评程序上各高校的做法也大同小异。高校辅导员考核程序是指高校辅导员考核工作所遵循的步骤及主要环节，是准确识别高校辅导员提高工作效率、保证考核工作有秩序进行的规范要求和制度保证。做好高校辅导员考核工作，应坚持高校辅导员考核工作程序，一般的考评程序主要有以下环节。

（一）前期准备

前期需要建立考核领导小组，应根据高校辅导员的岗位及拟任职务的特点和要求，本着熟悉业务、结构合理的原则，确定考核人员，搞好人员搭配。可以由分管学生工作的校党委副书记担任辅导员工作评估领导小组组长，学工部（处）会同各二级学院、团委、宣传部、保卫处等有关部门组成评估检查组。制定考核工作方案也是前期准备工作的重要内容之一。考核方案应包括考核目的、考核任务、考核内容、考核方法、考核步骤以及有关要求等内容。

（二）发布预告

发布预告是指根据考核高校辅导员的不同情况，通过适当方式在一定范围内发布高校辅导员考核预告，目的是让辅导员认识到考评的意图和导向是为了更加有效地激发工作的积极性，提高效率，解决辅导员的思想认识问题，使他们自觉主动参与到考评工作中去。考核预告是在一定范围和时间内，通过适当的方式，对考核工作有关事项进行预告。一般来说，考核预告应通过内部文告、召开会议等形式，公布考核组组成情况及联络方式、考核对象的简要情况等，消除被考核者的疑虑。

（三）集中述职

集中述职的内容包含事先确定的考核指标体系，一般包括：汇报自己一年来突出的工作和特色；汇报学生工作的思路、手段、方法；汇报自己的纠偏措施和成效；汇报工作心得体会及科研成果等。

（四）深入了解

深入了解是指对照辅导员述职内容，采取个别谈话、发放征求意见表、民主测评、实地考核、查阅资料、专项调查、同考核对象面谈等方法，广泛深入地了解情况，了解学生对辅导员的反映、二级学院领导对辅导员的反映、部分教师对辅导员的反映等。这是高校辅导员考核工作的主要阶段，其工作的好坏直接影响考核结果。这个阶段是围绕了解、挖掘和掌握高校辅导员的素质、工作表现和民意情况而进行的，主要任务是准确地把握考核高校辅导员的全面情况，形成初步的印象和概念，为综合评价鉴定高校辅导员做好准备。

（五）信息整理

信息整理是指整理考核所获得的大量的原始信息，主要是对同事的意见、调查情况、查阅有关资料以及平时掌握的情况等，进行系统分析、判断和研究、综合，并在此基础上对高校辅导员做出结论，形成书面考核材料。

（六）结果公示

考评小组进行综合评定，确定考核等级，并且要及时将考评结果公示，公示后无异议反馈给辅导员，并上报学校和有关职能部门，帮助辅导员不断改进自身的工作，进而提高辅导员工作的积极性与主动性。

（七）结果运用

结果运用是指将考核情况作为高校辅导员职级晋升、评优等工作的依据。合理运用考核结果，与辅导员的职务聘任、奖惩、晋级和进修培训等挂钩。根据考评结果，做好总结与表彰工作，对于考核优秀的辅导员给予表彰奖励，可以破格提拔使用，优先推荐（保送）攻读在职硕、博士研究生，并适当上浮津贴发放标准；对于连续考核优秀的辅导员应作为学校的后备干部予以重点培养；对表现较差的辅导员进行批评与教育，除扣发部分辅导员津贴外，提出警告并要求限期整改；对于连续考评不合格的辅导员，应及时调离辅导员岗位。依托考评机制建立起辅导员的晋级和退出机制、转换和流动机制。

六、辅导员考评的管理

建立科学的评价机制是推进高校辅导员专业化发展进程中的难点所在。评价制度的好坏关系到辅导员的职业成就感和专业发展，影响着辅导员工作积极性、主动性的发挥。由于辅导员工作涉及面广、弹性大、见效周期长等特点，对辅导员的评价和考核历来是一个难题，也是矛盾的焦点。

实现辅导员工作的专业化和科学化，客观地评价辅导员工作的效果，需要使辅导员制度建立在一个科学严谨的考核机制上。只有在建立严谨科学的考核制度下，才能明确辅导员的目标和方向，才能通过制度建设引导辅导员的行为与意识。

第一，明确考核目的。工作考核是一把"双刃剑"。正确的工作考核能激起政治辅导员努力工作的积极性，但如果做法不当，可能会产生许多意想不到的后果。考核要体现公正、合理、公开，才能起到激励作用。因此，考核的目的除了检查政治辅导员阶段性工作的完成情况外，更重要的是要充分运用这一"双刃剑"，引导政治辅导员提高工作成效。总之，考核高校辅导员的工作是为了鼓励他们积极工作，勇于创新，不断向上；是为了肯定成绩，总结经验，提高其思想水平和工作能力；是为了发现人才，选拔干部。

第二，多元评价主体。评价主体应由组织人事部门、学工管理部门、辅导员所在学院和学生四方面组成，建立四方结合的评价主体，而且应该加大学生对辅导员工作的考核力度。对辅导员的考核由学生工作部门、院系和学生共同参与。因为组织人事部门只有参与了考评工作，掌握了辅导员的表现和成绩，才能做到对辅导员了解比较清楚；学生工作部门和院系对考评有了发言权，才能实现权责结合，真正发挥管理效能；学生是辅导员工作的直接对象，对辅导员的工作状况最有感受，他们的参与是对辅导员工作的最好监督。四者相互结合，才能比较全面地、客观地评价辅导员的工作。

第三，多层面评价内容。在考评时，既要有学校层面的考评内容，也要有院系层面的考评内容，还要有班级层面的考评内容。三个层面各有侧重，学校重在考查辅导员政治理论、政策水平以及科学研究的能力等，侧重结果；院系重在考查辅导员的工作实绩、工作态度等，侧重过程；而班级侧重考查辅导员的工作深入程度，应包括学生与任课教师两个层面。在指标设定上，既要有思想素质、工作作风、服务态度、组织能力等观察性指标，也要设立一些可以计量的行为性指标，如深入学生课堂、宿舍的次数，主讲的专题讲座，所管理学生违纪率、获奖率和就业率，获得的荣誉称号，发表的论文数量，起草的文件数量，提出并得到采纳的合理化建议等，细化分类、确定分值、逐项考评、增强考核的可操作性。同时，形成领导、同事、学生、家长共同参与的多元化的评价制度。不定期召开学生、教师座谈会和家长反馈会，使学生、教师、家长代表以及所在系部领导了解辅导员的工作情况。

第四，多样评价方式。结合辅导员的工作特点，以岗位职责为依据，在考核形式上，可以采用定性考核与定量考核相结合、日常考核与集中考核相结合、组织考核与学生考核相结合以及奖惩性考评与发展性考评相结合的方式。

第二节　高校辅导员专业化发展的激励机制

随着教育的不断发展，社会对高校辅导员也提出了新的要求。为确保高校辅导员专业化发展的顺利进行，需要建立各种有效的机制为其提供保障。在这些机制中，激励机制占据着举足轻重的地位。基于此，本节在对运用激励机制的积极意义进行分析的基础上，提出了相关建议来促进高校辅导员更好地实现专业化发展目标。

一、辅导员激励机制的意义

激励，其词义就是激发、鼓励。在心理学上，激励指通过某种外在的或内在的刺激，使人维持兴奋的积极状态，即是指激发人的动机的心理过程。激励是管理学上一种异常重要的功能，是管理心理学的核心问题。从管理心理学角度讲，激励主要是指激发、鼓励、维持人的动机，调动人的积极性、主动性和创造性，使人有一股内在的动力，朝向所期望的目标前进的心理活动过程。研究表明，同样一个人在通过充分激励后所发挥的作用相当于激励前的三倍至四倍。

"机制"的语意指机器运转过程中的各个零部件之间的相互联系、互为因果的连接关系及运转方式。在经济和管理科学中，机制是一个经济或管理系统内各子系统、各构成要素之间相互联系、相互制约、相互作用的关系及其整体功能。

激励机制，是指同激励有着内在的必然联系，依照一定规律作用于激励对象，能够促使激励发生、运作和有效运行所必须采取的制度、方式或措施。从定义来看，一是激励机制与激励有着内在的必然联系。激励是通过需要产生动机，导致行为的发生，以达到目标来满足需要，激励机制应该是内在地作用于系统，通过满足需要来促使激励的产生与有效运行；二是激励机制是通过制度、方式或措施作用于激励对象来运作和运行的，制度、方式或措施的制定必须遵循系统本身的规律。高校辅导员既是激励机制的使用者，也是激励机制的适用对象。

高校辅导员激励机制就是教育部门和各高校制定鼓励性和辅助性措施，尽量满足多数辅导员的需要和愿望，充分调动和保护辅导员的工作积极性，保证思想政治教育的效果和辅导员所从事的各项工作高效运转。激励机制运行的出发点在于激发辅导员工作的积极性和创造力，充分挖掘和发挥辅导员的才能。因此，要实现高校辅导员的专业化发展，就需要真正发挥激励的作用，建立科学有效的激励机制。建立健全高校辅导员专业化发展的激励机制，具有十分重要的意义。

（一）激励机制是加强高校思想政治教育工作的需要

高校辅导员是高校思想政治教育工作的主力军，在贯彻党的路线、方针和政策中担负着重要的责任，是大学生健康成长的指导者和引路人，对大学生进行日常思想政治教育和管理、辅导、引导、指导的干部，是学生工作最基层、最直接的实施者。他们的积极性、主动性的调动程度直接决定思想政治教育工作的水平，高校辅导员的工作是否到位，直接影响到以德育为核心的素质教育的实施，也直接影响到高校政治的稳定与发展局面。因此，建立健全激励机制可以使高校辅导员致力于学生思想政治教育工作的研究和创新，使大学生思想政治教育工作更具成效，真正达到思想育人、管理育人、学习育人、身心健康育人的目的。

（二）激励机制是提高高校辅导员自身素质的需要

新时期的高校辅导员是具有独立人格的知识型教育工作者，有着开放的眼界、较强的自主意识和开拓的创新能力，有着基于实现自我价值的高度责任感和内心需求。从整体看，辅导员的非物质激励要素对其绩效的影响程度大于物质激励要素。辅导员工作以育人为主，具有独立性、自主性、多样性的特点，有效的激励方式能够满足他们的个性化需求。因此，从辅导员内在的需求出发，建立一套较为健全的激励机制，为辅导员营造一个良好的工作环境，提供更多学习深造的机会和实现自我价值的平台，使热爱学生工作的辅导员能增强职业认同感，安下心来走专业化发展道路，不断提高自身素质，努力使自己成为学生工作的行家、专家，对他们的自身发展将非常有利。

（三）激励机制是适应高校辅导员队伍发展的需要

当前，我国高校辅导员队伍的结构、素质、工作内容和方式等均发生了深刻变化，整体素质和工作水平都得到显著提高。但与大学生思想政治教育新形势、新任务的要求相比，高校辅导员队伍建设的深层次问题始终没有得到很好解决，整体素质始终没有质的飞跃。目前高校辅导员队伍整体上缺乏稳定性，其知识结构、年龄结构、学历结构不合理，其身份自我认同度低，职责定位不明确，事务性工作繁重，发展的机会较少、收入较低。这些问题不解决或解决不好，势必影响高校辅导员队伍建设与发展的进程。建立健全辅导员激励机制，吸引更多德才兼备的人才加入辅导员队伍并长期从事思想政治教育工作,对进一步提升辅导员队伍的整体素质,优化辅导员队伍结构,无疑具有十分重要的现实意义。

二、辅导员激励机制的原则

无论从辅导员个人发展的角度,还是从实现学校学生工作目标的角度上讲,激励都是一项不容忽视的工作,对辅导员进行必要的激励,是推进和确保队伍健康、稳定发展的助推器。建立辅导员激励机制发挥人力资源优势,要结合学校实际,兼顾各方,遵循和坚持一些基本原则。

(一)物质激励和精神激励相结合,以精神激励为主的原则

物质激励主要是通过经济手段满足辅导员的生活需要,从而激发他们的动机,调动工作积极性,但精神激励的作用,能满足辅导员的某些高级需要。物质生活需要虽然是属于低层次需要,但却是人的最基本的需要。在辅导员工资不高、生活水平还比较低的情况下,物质激励有着重要的作用。然而物质激励不是万能的,这便离不开精神激励的作用。精神激励主要是通过理想、成就、荣誉、情感等非经济手段激发人们的潜能,用于满足教师的尊重、成就、自我实现等高水平的需要。这是一种主导的、持久的激励形式,对辅导员的行为具有教育性、激励性、调节性和增力性作用。但是没有物质激励的支持和充实,精神激励的作用就会减弱甚至落空。辅导员失去了精神力量,就会失去前进的方向和动力。因此,在高校管理中,物质激励与精神激励是对辅导员进行激励的两种模式,应进一步调整好物质激励与精神激励,将两者有机地结合起来,实行同步激励,才会产生实际的、持久的、强有力的激励作用,切实调动辅导员的工作积极性和创造性。

(二)外在激励与内在激励相结合,以内在激励为主的原则

激励可以分成两类:一类是指成功、成就和认可的内在因素的激励,即内在激励;另一类是指通过提高工资、改善工作条件、加强监督性管理等外在因素来达到激发动机的激励,即外在激励,这两者共同构成了激励系统的有机条件,缺一不可。高等教育事业的发展、国家经济的建设都离不开一支高质量的辅导员队伍,而高校辅导员作用能否发挥、发挥作用的大小与对辅导员的外在激励密切相关。外在激励是一种重要的激励方式,它虽然能对高校辅导员产生一定的激励作用,但很难激发他们的内在动力。要想使激励对高校辅导员产生更大的作用,还要辅导员个体的内在激励,内在激励则主要来源于对工作活动本身发自内心的一种力量。在高校辅导员管理中,必须始终抓住内在激励和外在激励的相互渗透和结合,避免"一手

硬，一手软"的现象，力争做到"两手都要硬"。这也符合马克思辩证唯物主义的内、外因互动理论。激励机制运用的侧重点还是应放在内在激励上，要通过内在激励强化高校辅导员的自主意识和主观能动性，同时，辅之以必备的外在激励。外在激励是诱导因素，是保障，是促发高校辅导员内在动机的前提条件。内在激励是基础，是先导。只有通过两者的互促、互动，将辅导员的外在激励与内在激励有机结合起来，两者互相促进，才能实现高校辅导员管理中激励机制的整合功能。

（三）正面激励与负面激励相结合，以正面激励为主的原则

正面激励就是对所倡导的行为进行奖励，能使符合社会期望和组织要求的行为加强、保持和推广。负面激励就是对所不倡导的行为进行惩罚，能使不符合社会期望和组织要求的行为尽快得到控制、减弱和纠正。在对高校辅导员进行激励的过程中，真正做到奖惩分明，既要对做出突出成绩的辅导员进行奖励，又敢于对不负责任或不合格的辅导员进行批评和惩罚，甚至将他们清除出辅导员队伍。负面激励是在辅导员失职时采取的负面措施，这种方式如果使用不当会严重伤害辅导员的自尊心和工作积极性，有时还可能造成人际关系的紧张。因此，在实际操作中应以正面激励为主，特别是在使用负面激励时一定要注意方式和场合，以私下谈话或者单独批评教育的形式为主，对确实不符合辅导员岗位的人员要调离工作岗位或者继续培训学习。

（四）统一激励与个性激励相结合，坚持按需激励的原则

激励的目的是通过一定的激励措施，提高辅导员工作的积极性，发挥他们的创造性，从而实现高校目标。由于高校辅导员的工作性质相同，认知水平差距不大，某些统一的激励措施或方法对大部分辅导员来说是有大致相同的激励力量的。但是，高校辅导员这一群体总是千差万别且发展变化着的，每个辅导员的需要层次是各不相同的，对同一目标是不可能有完全相同的效果的。因此，在高校辅导员管理中，要针对辅导员个体差异等特点，有的放矢地实施个性激励，在统一激励的目标下，不可埋没任何一个辅导员的个性特征，促使个体在个性激励的引导下朝着统一的目标方向迈进。高校对辅导员的激励要达到良好的激励效果，必须与辅导员个人的目标相一致。这种结合是实现辅导员与学校"双赢"的根本，是辅导员得以发展、学校得以前进的保障。由于辅导员的需求是多样的，与学校的目标可能并不一致，因此，辅导员在考虑个人需要的同时，要多体谅一下学校的实际，多考虑一下学校的发展。辅导员只有与学校所需紧密结合起来，用自己的才能与本领为学校服务，才能使自身的才能得以充分发挥。反过来，学校也要多了解辅导员的需求，从

而在实现学校目标的同时，满足辅导员的个体需求。

三、辅导员激励机制的内容

辅导员激励机制的重点内容包括以下三个方面：一是职位系列的设计，实行辅导员职级制，鼓励优秀辅导员走专业化发展之路；二是奖励与考核制度的设计，实行聘用制、任期制、岗位津贴制，健全业绩考评体系，科学地把握激励的"时、频、度"，调动辅导员的工作热情；三是辅导员职业生涯发展的设计，建立模块培训制，给予辅导员更广阔的发展空间。

（一）职级制

高校辅导员的职级制是指由学校依据有关法规，参照现行高校教师专业技术职务评聘制度，联系辅导员工作实际制定的一种较科学、合理的辅导员教师职级评审条件、聘用标准、相应的工资待遇和任职期限，在本校内部执行的辅导员职级评聘单列制度。职级制的实行，使辅导员这一职业成为高校中名副其实的专业技术职务，使得大批德才兼备的中青年辅导员脱颖而出，有效地激励了他们在辅导员岗位上全身心地投入，潜心研究思想工作的理论和规律，解除了辅导员的后顾之忧，有利于辅导员专业化的发展，有利于辅导员这一职业得到全社会和学校成员的认可。实行辅导员职级制要注意以下几个方面：一是职级制的评审标准必须重工作能力、重工作实效，不唯文凭；二是职级制的评审过程必须体现公开、公正、公平原则；三是必须建立与职级制相对应的薪酬体系。

（二）聘用制

高校辅导员的聘用制是指在现有的学校人事制度体制下，由学院与辅导员签订聘用合同，确定双方聘用关系，明确双方责任、权利、义务的一种辅导员人事管理制度。实行辅导员聘任制，将有利于建立一个切实有效的人才竞争上岗的激励机制，提高人才的使用效益，实现辅导员队伍结构的最优化和效益的最大化；有利于保障辅导员的合法权益，使得人才的自我意识和价值观念在市场经济条件下获得最大提升。实行辅导员聘用制应注意以下几个方面：一是处理好学校人事制度规定与学院自主权的关系，由二级学院根据辅导员岗位设置、岗位职责，报学校人事处备案，实行公开招聘，按岗聘用，竞争上岗；二是处理好"职务聘用"与"资格评审"的关系，允许打破原有学院的界限，允许"高职低聘"或"低职高聘"充分发挥人才的使用效益；三是处理好改革与稳定的关系，由于历史原因而造成的落聘人员，要进行培养提高，合理分流，妥善安排。

（三）考评制

高校辅导员的考评制是指以从事高校辅导员工作的老师为对象，规定其在任期届满之后，必须通过学校有关管理机构的考核来确定是否可以继续聘任，或者是否可以采取"退职"方式不予聘任的一个制度。推行考评制，能够根据辅导员实际工作能力、工作兴趣，通过双向选择，构建"公开、平等、竞争、择优"的人才竞争机制，一方面有利于提高人才的合理流动，另一方面有利于提高辅导员自身能力、竞争意识及创新研究能力。实行辅导员任期考评制应注意以下几点：一是明确规定辅导员的任职期限；二是严格考核，考核工作体现制度化、规范化，考核结果作为续聘的依据；三是考评体系要科学合理，做到定量与定性相结合，以定性为主。

（四）津贴制

高校辅导员的津贴制是指学校把国家和地方政府发放的津贴、奖金等统一使用，根据岗位性质、责任大小、难易程度、工作环境、工作实绩进行分配，不搞平均主义，真正发挥津贴的激励作用。高校辅导员津贴是学校发给辅导员岗位的一种特殊津贴。实行辅导员津贴制，极大地激发了辅导员的工作热情，体现了学校对辅导员工作的重视和关心，体现了"按劳分配、优劳优酬，效率优先、兼顾公平"的薪酬分配激励机制。实行辅导员津贴制应注意以下问题：一是津贴制实质上是一种激励手段，是学校给辅导员的政策倾斜，享受岗位津贴的辅导员其他待遇不受影响；二是津贴制的发放要与辅导员业绩考核相结合，体现多劳多得的分配原则；三是津贴制的最终解释权在学校。

（五）养用制

高校辅导员的养用制是指为提高辅导员素质、能力而采取的有组织、有计划的培养和训练。在知识信息爆炸的现代社会，随着社会形势的复杂多变，教育对象、教育方式、教育环境翻天覆地的变化，辅导员的专业素养、政治修养需要及时更新、与时俱进。因此，建立科学、合理的养用制，有利于辅导员培养终身学习的习惯，有利于辅导员提升业务技能，提高工作效率。建立辅导员养用制应注意以下几点：一是各学院了解辅导员的学习需求，制订切实有效的培训计划；二是根据每一位辅导员的工作实际，分层次、分阶段提供进修机会，并给予时间和经费上的充分保证；三是理论与实践相结合，并及时更新培训内容，重视现代教育技能培养；四是培训与聘任、评估相结合。

四、辅导员激励机制的管理

建构辅导员的激励机制，促进高校辅导员的专业化发展，必须遵循激励的规律，充分考虑激励的个体因素和环境因素，运用科学、有效的激励措施，以求达到最佳的效果。

辅导员工作的烦琐性、晋升渠道的不确定性等决定了在辅导员专业化发展的过程中，必须完善激励机制，通过一些有效的操作激发诱导辅导员，使他们进入高动机状态，为学生的"终身发展"和学校的长远利益努力奋进，继而提升辅导员的职业认同感和幸福感。

（一）明确要求是完善激励机制的前提

高校辅导员工作的激励机制就是以高校思想政治教育和德育为目标，根据辅导员自身的需要和愿望，创设满足其各种需求的条件，从而激发促使辅导员充分发挥才智，发掘潜能，为高校的思想政治教育和德育工作积极贡献力量。建立辅导员工作激励机制有以下要求：一是激励机制要注重人文管理，创设辅导员工作的良好环境和平台。从工作特点来看，辅导员进行的是高校思想政治教育工作，它是一种能够体现个性的体力和脑力劳动，其工作性质具有丰富的情感色彩和人文关怀，因此，要调动和保护辅导员工作的积极性、主动性和创造性，就绝不能简单地依靠规章制度和行政命令来对辅导员队伍进行管理，而要更多地注重人文管理。二是激励机制应该具有开放性和层次性。激励机制应该随着学生、学校和时代的发展而不断发展，不断创新，形成一个开放的系统。同时，应对于不同专业、不同学科的辅导员制定不同的激励机制，既要统筹兼顾，又要区别对待，具有层次性。三是激励机制应建立在公平、客观的基础上，才能真正发挥作用，只有促进辅导员提高工作的实效性，整个辅导员工作才能生机勃勃，充满活力，如果不能建立公平的激励机制，那么反而会挫伤辅导员工作的成效。

（二）理解人性是完善激励机制的基础

高校辅导员激励机制激励的对象是人，因此，怎样认识"人性"及其本质是建立高校辅导员激励机制的基础。长期以来，人性假设一直是经济学家、管理学家所关注的重要理论问题。中国古代有性善论、性恶论和人性可塑论之说；西方现代有经济人、社会人、自我实现人和复杂人的假设，在现实生活中，人性假设具有客观必然性，即它的存在不以人的意志为转移。马克思关于人的本质揭示了人的本质不仅不是抽象的，而且不是永恒不变的，是随着历史的发展而发展的。因此，在构建高校辅导员的激励机制时，必须以对人性理解为基础，建立在理解人性基础上的激励机制必定也是随着社会发展而有所不同。

（三）改革方法是完善激励机制的途径

辅导员是一个高学历的知识群体，具有较高的文化教育水平和自我发展意识。在对辅导员进行激励时，必须遵循激励的规律，把握激励的要素，分析辅导员的个性特点和不同需求，发挥多种激励措施的合力作用，体现激励机制的目标引领作用，从而创造高质量的工作氛围和环境，促进辅导员目标与组织目标的实现。

一是物质激励法。为了辅导员的终身发展，也为了学校目标的实现，达到个人目标与集体目标的一致性，有必要在物质激励方面加大力度，推动辅导员对职业的热爱。学校常用的物质激励手段有：薪酬激励、福利激励、奖励激励等。

二是精神激励法。精神激励是一种正面的诱导和鼓励，它通过创造良好的工作氛围和人际环境，加强对辅导员的精神关怀，使辅导员感受到组织的温暖和爱护，主动为学校做出更大的贡献。组织常用的精神激励手段有：尊重激励、榜样激励、信任激励、参与激励、荣誉激励、文化激励、关爱激励、目标激励、环境激励等。

三是发展激励法。从高校层面，要根据学校辅导员队伍建设的目标和定位，帮助辅导员明确自身的发展方向，对每位辅导员进行分析定位，使其明确在不同阶段的个人定位与相应任务，给予足够的保障措施，促使其按计划实施，并适时地调整与修正，逐步完成预期目标，实现个人发展成就的最大化。具体的激励手段有：理想激励、工作激励、竞争激励、成就激励、晋升激励、教育激励等。

（四）创新制度是完善激励机制的措施

创新辅导员的激励机制，就是要因时、因地、因人创造性地建立一种能够发挥辅导员作用的激励机制。辅导员积极性的复杂性决定了针对辅导员的激励机制应该是全方位的，不断创新的。高校辅导员的激励机制可以从以下方面进行创新和完善。

一是完善激励规则。主要注意以下方面：首先，注重激励规则的科学性。加强高校辅导员竞争激励规则的研究，科学设计激励规则。高校辅导员激励规则设计应当遵循科学的逻辑结构原理，即"假定、处理和规则后果"。假定，就是条件，任何激励规则都只能在"一定条件""一定范围"适用，假定的条件设计应当尽量全面具体，便于操作；处理，就是行为规定，允许什么行为，禁止什么行为，应当如何，必须如何，可以如何等；规则后果，就是对遵守或违反规则予以肯定或否定，肯定的给予保护和奖励，否定的给予惩罚与制裁。其次，注重激励规则的系统性。

涉及高校辅导员激励活动的内容和环节很多，每项内容和每个环节都应当有具体规则，如果一项内容或一个环节有问题，就会影响整个竞争过程。最后，注重激励规则的明确性。一般不宜在操作性规则中过多规定"按其他细则"执行或选择性条款，每项规则都应具体明确，为了便于操作，应当做到增加刚性规则，减少任意性规则；增加确定性规则，减少委任性（即委托授权自主）和准用性（即允许性授予或参照）规则。

二是规范考核运作。规范高校辅导员激励运作是完善高校辅导员激励机制的重要内容，其中重点是规范高校辅导员考核激励的运作。当务之急就是实行目标考核责任制，根据岗位职责，制定科学的考核指标体系，按照考核标准体系对高校辅导员进行考核，使考核激励更具客观性和科学性。

三是确保激励公平。职务职称晋升、评优获奖等是辅导员个人利益的重要内容。在高校辅导员的激励过程中，需要建立起良性竞争机制。一旦竞争机制有效运作起来，将有力地调动辅导员的积极性与主动性，增强整个队伍的活力。建立与完善高校辅导员的竞争激励机制，关键在于竞争过程的公开与公正。要保证竞争的公正性，就需要科学地制定竞争规则，扩大民主程度，通过良性竞争达到有效激励的目的。

四是创新工作模式。由于辅导员身陷事务性工作，需要处理有关学生工作的各项事务，要定期安排班级会议，要定期对学生进行思想政治教育等，而对学生身心状况、心理状况的了解，就要利用学生们的课余时间来进行，通过与学生们交谈掌握他们的思想动向，及时发现问题，帮助学生们化解困惑。根据大学生辅导员工作自身的特点，应实施弹性工作模式，即根据辅导员工作与学生上课时间不重叠、工作地点多变的特点，可以不要求辅导员像其他行政人员按时坐班，改为"白天轮班、设立个性化固定辅导时间、重点保证针对重大教育活动以及重点辅导对象的工作时间"这种弹性工作模式。当然，这种工作模式需要严格的考核制度来保证。

五是优化报酬结构。报酬分为内在报酬与外在报酬。内在报酬是就辅导员工作本身所获得的满足感而言的，包括工作中的权利、个人成长发展机遇等因素；外在报酬主要指薪酬等物质形态的报酬。对于辅导员的报酬管理，在支付辅导员物质性报酬强度不大、吸引力不够的情况下，应该加强非物质性报酬的吸引力，完善他们的报酬结构，从而提高他们工作付出与工作报酬的对称程度。例如，一些高校在加大奖励力度方面，除了适当地提高物质性奖励额度外，更积极通过召开奖励大会、公开宣传获奖人员等措施提高辅导员的荣誉感。这样，学校即使没有在物质报酬方面给予辅导员特别关照，这些非物质性报酬也会对辅导员产生很大的激励。

六是实行双重晋升。在高校中，辅导员的身份比较特殊，他们既是教师又是行政人员，在发展序列上可以实行辅导员行政职级和专业技术职务聘任的"双重身份、双重晋升"。对于职级晋升，可以把辅导员队伍建设列入学校党政管理干部培养总体规划，享受同等待遇。辅导员的职级可以分成 5 个等级，分别对应科员、副科级、正科级、副处级、正处级。对于职称晋升，高校在制定职称评审标准和实施细则时，将辅导员队伍建设纳入师资队伍建设总体规划，设立专门的辅导员专业技术职务序列，成立专门的专业技术职务评审委员会，实行独立于专业教师之外的职称评审，专职辅导员可按助教、讲师、副教授、教授评聘思想政治教育学科或其他相关学科的专业技术职务。各高校可以根据实际情况，在辅导员队伍中设立机动的讲师、副教授和教授岗位，有了独立的职称序列就可以防止辅导员的职称名额被其他序列所挤占或挪用。学校对辅导员发展实行行政职级与技术职务双重晋升机制，可以充分调动辅导员们的主动性，实现整个辅导员队伍的良性发展。

七是营造竞争氛围。首先，不断强化竞争观念。不断培育和强化高校辅导员的竞争观念，应当采取多种形式和途径营造竞争氛围，使高校辅导员在实践中能够真正体会竞争、感受竞争，并且把理解竞争、参与竞争和接受竞争结果转化为自觉意识。只有这样的社会氛围和校园氛围，高校辅导员激励机制才可能达到预期的最佳激励效果。其次，创造多种竞争激励形式。高校辅导员竞争激励形式多样，有利于创造更多的激励机会，给高校辅导员的管理不断注入新的活力。如竞争上岗，可以规定任职年限，到了规定年限后，重新竞争。再比如，可以在多个环节设置竞争机制，如上岗、升职、升级、转任资格等。多环节设置竞争有利于创造竞争氛围，培养高校辅导员的竞争习惯，不断提高辅导员的综合素质。营造良好的竞争氛围，对保证激励效果具有十分重要的作用，也是健全激励机制的重要内容。

第七章 高校辅导员专业化发展的职业生涯管理

"人力资源是第一资源"目前已成为社会的共识，职业生涯的发展与规划已成为现代人力资源开发与管理的重要创新和前沿研究领域。对辅导员进行职业生涯发展与规划的科学管理，有助于逐步构建辅导员及队伍专业发展的长效机制，推动辅导员专业化发展迈上新台阶。

第一节　高校辅导员的职业生涯发展

在社会分工越来越细，求职与职场竞争越来越激烈的背景下，职业生涯的选择和职业生涯的发展对个人事业和人生价值的实现起到了越来越重要的作用。什么是高校辅导员的职业生涯发展？高校辅导员职业生涯的发展原则是什么？辅导员的职业生涯发展要经历什么阶段？如何实施高校辅导员职业生涯发展的管理？对这一系列问题的分析与思考，有助于高校辅导员对个人的职业价值目标的追求和实现，同时也有助于辅导员指导学生的职业生涯发展。

一、高校辅导员职业生涯发展的概念界定

加强我国高校辅导员职业生涯发展的研究，尤其是高校辅导员职业生涯发展的组织管理研究，首先必须对职业生涯发展的一些基本概念进行了解和把握。

（一）生涯

生涯一词，在英文中是 career，有人生经历、生活道路和职业、事业的含义。生涯是生活中各种事件的演进方向与历程，是个人一生中所扮演的各种职业与生活角色的展示与整合，由此表现出个人独特的自我发展形态，除了职位外，还包括与工作无关的角色，如家庭角色、公民角色等。由此可见，"生涯"是指人生的整个过程及其关系的总和，不仅包括职业人生过程，也可以包括前职业人生和职业后人生。

（二）职业生涯

职业生涯的概念，早期是由沙特列（Shartle）提出的。他认为，职业生涯是指一个人在工作生活中所经历的职业或职位的总称，美国生涯辅导大师舒伯认为，职业生涯是指一个人终身经历的所有职位的整个历程，是一个人在工作生活中所经历的所有职业或职位的总称。因此，综合来看，职业生涯是指个体在不同人生发展阶段所发生的一切事关职业的心理体验或心路历程，其中既包括价值观念、职业意

识、职业态度等的养成与变化，又包括职业知识、职业能力和发展取向等的形成与发展。根据美国著名职业生涯管理研究专家施恩的有关理论，职业生涯主要包括两种：一是内职业生涯，是指从事一项职业时所具备的知识、观念、心理素质、能力、内心感受等因素的组合及其变化过程。内职业生涯因素的取得可以通过别人的帮助而实现，但主要是通过自己的努力追求而实现的，并且一旦取得就永远归自己所有，别人无法回收或剥夺。二是外职业生涯，是表示组织努力为员工职业生命中确立一条有所依循，可感知、可行的发展道路。外职业生涯的因素包括：工作单位、工作地点、工作内容、工作职务、工作环境、工资待遇等，这些因素由组织给予，在个人职业生涯初期，它们往往与自己的付出不相符。外职业生涯的发展是以内职业生涯的发展为基础，只有两者达到和谐统一，才可能保证职业生涯的最终成功。

（三）职业生涯发展

根据赫·克拉姆 1996 年的表述，生涯发展指的是由个人心理、社会、教育、体能、经济和机会等因素综合形成的个人终其一生的发展性生涯历程，是个人自我认定、生涯认定、生涯成熟等特质的发展进程，包括个人的工作价值、职业的选择、生涯类型的选择等。职业生涯发展就是个体逐步实现其职业生涯目标，并且不断制定和实施新目标的过程。

作为社会中的众多职业之一，辅导员的职业生涯发展遵循一般职业生涯的普遍规律，但是也体现出辅导员职业生涯的特殊性。辅导员职业生涯发展，就是指辅导员的职业素养、能力、成就、职称、职位等随着时间轨迹而发生的变化过程及其相应的心理体验和心理发展历程。因此，辅导员职业发展包括两个维度：一是时间维度，即以人的生命的自然发展过程与周期来看待辅导员的职业发展过程；二是领域维度，即辅导员的职业生涯涵盖了发展的多个方面，包括职业理想、职业意识、职业价值观、知识水平、辅导观念、辅导能力、沟通和领导能力、辅导行为与策略、职称以及对工作的心理感受等。

二、高校辅导员职业生涯发展的原则

在高校辅导员专业化发展中引进职业生涯管理的理念，需要结合辅导员群体特点及其工作性质，掌握职业生涯发展的原则，才能有效地建立一支稳定的辅导员队伍，提高辅导员的专业化发展水平。

（一）共赢原则

共赢是进行辅导员职业生涯发展的首要原则，即辅导员职业生涯发展，既要有利于辅导员自身的发展，又要兼顾学校的利益。辅导员个人发展同学校的兴旺发达是休戚与共、息息相关的，具有利益一致性。有效的辅导员职业生涯发展管理，要求辅导员（个人）与学校（组织）之间相互配合，高校组织要了解辅导员个人职业发展需要，为其营造良好的组织生存环境；辅导员要不断学习，提高自身素质，努力工作来回报高校。辅导员个人在实现自身价值的同时，也实现了高校组织的发展目标，最终实现共赢的局面。因此二者相互依存，缺一不可。

（二）公平原则

公平原则是人格价值与人人平等的体现，是维护从业人员整体积极性的重要保证。公平性原则是指高校公开、公平、公正地开展高校辅导员职业生涯发展活动，每一位辅导员有均等的机会参加学校的职业生涯发展活动。高校在提供发展信息、教育培训机会、任职机会时都应该公开其条件与标准，保持高度的透明度。公平性原则必须以制度建设为基础，要不断地健全和完善辅导员队伍建设的制度，形成长效机制。制度的建立和完善必须发动辅导员积极参与，共同讨论、修改，保障辅导员的知情权、参与权、表达权、监督权，而不能由个别领导或少数人来决定；同时要经过相关职能部门的审阅、修订和同意。制度一旦形成，全体成员必须尊重，共同受到约束，体现人人平等。

（三）共同原则

共同原则是指在辅导员职业发展计划的制订和实施，皆由党委组织部、学生工作部（处）、人事处、院系党总支和辅导员共同参与。辅导员职业生涯发展除了个人合理规划、积极进取外，还离不开学校各个方面提供的各种政策和制度保障，必须妥善处理个人发展和组织支持的关系。学校要从战略和全局的高度制定和落实有利于学校事业发展和辅导员个人发展的制度和政策，辅导员也要结合学校的现实条件和个人的发展诉求去制订和实施职业发展计划。

（四）沟通原则

沟通对辅导员职业生涯发展非常必要，有利于实现个人和组织的共同利益。通过沟通，一方面详尽了解辅导员的实际情况，并根据学校的现实需要，设置可行的职业生涯通道，可以防止管理的盲目性。另一方面，了解辅导员在职业发展中的心理变化、新的需要与目标以及未来的打算，才能提高辅导员职业生涯发展的科学性、针对性和有效性。这样，避免了辅导员和学校的"误解"和"对抗"，双方都能结合其发展的需要和外部环境的变化进行适时、合理的调整，使学校的学生工作朝着更加和谐的方向发展。

（五）系统原则

系统原则是指将职业生涯发展的整个历程作全程考虑，同时将职业生涯计划实施当成是一个系统的工程，并纳入组织的发展战略之中。一方面，学校党委组织部、学生工作部（处）、人事处、校团委、院（系）党总支（分党委）等部门要和辅导员保持经常的沟通，共同参与、共同制订、共同实施辅导员职业生涯发展计划。另一方面，辅导员职业生涯管理要贯穿组织的整个工作过程，贯穿辅导员的整个人生。

（六）全面评价与反馈原则

全面评价与反馈原则是指高校对辅导员职业生涯的发展进行全过程、多角度评价，让辅导员明确自己的职业发展，通过学校对辅导员的职业化提供支持和帮助，使辅导员职业生涯发展成为可行、有效的创新机制，并将评价结果反馈给辅导员，以促成其改正缺点，更好地实现职业发展目标。

三、高校辅导员职业生涯发展的路径与管理

职业化、专业化、专家化发展是高校辅导员职业生涯自下而上的职业发展路径。在职业化背景下，高校辅导员专业化发展的历程中，面对职业生涯中的各种不确定性因素，易变性的辅导员职业发展路径为高校辅导员的多样化发展提供了可能，拓展了进一步生涯发展的空间，为其今后的职业生涯对接确立了方向。

（一）高校辅导员职业生涯发展的路径

辅导员职业生涯进入一定的阶段后就会面临着分化，辅导员职业生涯的发展路径会朝"专""转""升"三个方面发展："专"即走专家化道路，"转"即转岗到其他职位，"升"即晋升到领导岗位。

第一，"专"，即辅导员专业化道路上的职业生涯发展。辅导员在"专"方面的发展包括职业化、专业化、专家化、终身制。职业化意味着辅导员作为一种职业可以长期地做下去，甚至终身从事该项工作也成为可能。在辅导员工作职业化后，辅导员还需要从职业化向专业化、专家化发展，成为学生思想政治教育、学生事务管理、心理咨询及就业指导等方面的专家。辅导员从非专业道路发展到职业化、专业

化、专家化道路，包括专业调整、知识结构调整、个人兴趣爱好调整等。同时，辅导员专业化发展方向有很多途径，包括思想政治教育、就业指导、心理咨询、学生党团建设、校园文化等方面。

第二，"转"，即辅导员后期的发展可以根据自身所具有的能力素质和个性实现转岗转行。辅导员转岗转行主要有以下方向：一是转为国家公务员或学校行政干部。二是转教学、科研之路。高校辅导员本身的身份就是高校教师与行政管理干部的统一体，具有高校教师身份，加上工作地点在高校，高校能提供良好的职业转换平台和教师培训体系。辅导员中具有比较牢固的专业知识背景、较强的语言表达能力的，有机会转向从事教学、科研。辅导员可以适当给学生开设相关课程并参与学术研究，不断完善补充专业知识，开辟研究新领域，学习先进的教学方法，提高教学质量，踏踏实实从事科研教学工作，使辅导员实现向教学科研转岗。

第三，"升"，即晋升到高一级的领导岗位。按照我国高校现行的学生管理体系，高校辅导员传统路径晋升是院系主管学生工作的党委副书记。另外还有部分则升至学校主管学生工作的职能部门领导、学校机关部处领导等。

（二）高校辅导员职业生涯发展的管理

高校辅导员职业生涯的管理必然受到各种因素的影响，高校辅导员职业生涯发展管理系统的构建必须考虑国家政治与经济发展、高等教育组织机构状况和个人选择与价值等因素的影响和制约。因此，应该从党和政府、高校组织以及辅导员个人三个方面着手开展高校辅导员职业生涯发展管理的实施。

第一，党和政府对辅导员职业生涯发展的管理。辅导员职业生涯发展管理毕竟是一项理念方法新、政策要求高而探索时间尚短的工作，对照辅导员队伍建设理论和实践的现实状况，要使之得以有效的实施和顺利推进，还需要党和政府对高校辅导员职业生涯管理提供更多的政策保障。一是进一步细分高校辅导员的工作职责。根据辅导员工作中涉及的如大学生思想政治教育、大学生德育教育、心理咨询、学习与生活指导、事务管理工作等各方面具体职责设立专项化要求，体现每一工作领域的专业化特点和要求，进一步细化辅导员的工作分工，提高专业化发展程度。二是进一步提升高校辅导员的职业深度。从国家宏观政策层面看，一方面对高校辅导员职业进行定向培养，在高等教育中设置相关专业，建立一套完整的学科体系，构建完整的知识系统，制定自己的专业标准，按照专业要求培养学生；另一方面为搭建辅导员科研平台创造更多有利条件，只有在对本职工作相关领域进行深入的思考和研究以后，辅导员才能真正成为学生工作方面的专家，高校辅导员职业才能向纵深发展。三是进一步完善高校辅导员的制度保障。从某种意义上来说，高校辅导员职业生涯发展管理的实质就是借鉴职业生涯发展管理理念，从而实现辅导员队伍职业化的发展。高校辅导员职业生涯发展管理，也可以说是辅导员队伍发展的产物。促进辅导员队伍建设职业化、专业化的第一步便是制度化，这也是促进高校辅导员队伍职业化的有效手段。如建立包括辅导员聘任制度、辅导员考核制度、辅导员培训制度、辅导员终身教育制度等，使辅导员的培养、录用、管理和继续教育有机结合，并逐步走上法治化、规范化的道路。

第二，高校组织对辅导员职业生涯发展的管理。高校组织要为辅导员职业生涯发展的管理完善机制和搭建平台。高校作为辅导员职业生涯发展管理的主体之一，最重要的就是以现代人力资源管理理念为指导，充分运用职业生涯发展理论，搭建辅导员职业生涯发展管理的平台。一是拓宽高校辅导员的职业发展路径。高校与辅导员个体共同设计职业生涯发展目标，使辅导员明确自己今后的发展和努力方向，通过专、转、升等路径切实解决辅导员在职业发展路径上的困惑，促使高校留住更多高素质的学生工作人才，使高校拥有高素质的稳定的辅导员队伍。二是建立以职业生涯发展管理为导向的权变晋升制度。高校辅导员无论是按照教师职务进行职称晋升，还是按照行政级别晋升，或者实行辅导员教师专业技术职称与行政级别并行的"双轨制"，再或者推行辅导员职级制度，其具体措施在全省甚至全国统一都比较困难。因此，高校辅导员的晋升一方面需要有关部门统一管理，统一制定评定标准；另一方面各高校结合自身实际，为本高校辅导员建立切实可行的制度和管理方法，尤其是考虑辅导员的工作实践效果，增强实践要求，同时为不同层次、不同级别甚至不同专业学科的高校辅导员制定不同的晋升标准，做到权变管理。不同类型、不同层次的高校辅导员需要不同的晋升标准和管理方法，这就需要各高校建立权变的职业晋升保障机制。三是构建战略性的职业生涯管理体系。职业生涯管理体系是战略性人力资源管理体系的重要组成部分，战略性人力资源管理的目标是获取组织竞争优势、提升组织绩效以及服务组织战略。在此管理理念下，组织建设的自主性将进一步增强，组织经过战略性整合、前瞻性人力资源规划、系统人力资源管理和立体多维式人力资源开发，可以高效提升整体绩效。因此，建设适合于高校辅导员职业发展的职业生涯管理机制，需要转变高校人力资源管理理念，实施与之配套的战略性人力资源管理体系。这样，高校在帮助辅导员发展职业生涯、管理其职业生涯目标的同时，也实现了高校自身的目标，有利于充分开发高校的人力资源，实现高校利益和辅导员个人利益的最优化。

第三，个体主动对辅导员职业生涯发展的管理。高校辅导员职业生涯发展的社会管理和组织管理都只是职业生涯发展的外在因素，尤其是组织中的辅导员职业生涯管理是人力资源开发的一个组成部分，它更多的是为实现组织战略而设置的，在确保个人职业目标与整个组织目标一致的基础上，以期实现个人与组织需求之间的最佳匹配。但在任何情况下，个体的主动管理更为重要，它是个体职业生涯发展的真正动力和加速器，是个人根据自身的个性、能力、素质、家庭、婚姻和年龄等因素进行职业生涯管理，其本质是追求最佳职业生涯发展道路的过程。高校辅导员主要从以下方面加强职业生涯发展的自我管理：一是了解自己，包括了解自己的性格、兴趣、能力和自己的职业定位等。二是了解组织发展状况，包括对自己所在的高校、所工作的院系，自己的工作对象（学生）等的了解。只有了解这些，才能将自己的发展放在学校、学院发展的整个格局之下，才能让自己的发展服从于、服务于组织，才能做到协调发展和双赢。三是注重人际沟通。辅导员要加强与学校各部门的沟通与协调，与其他教育、管理、服务岗位的相互配合，积极构建全员育人格局。同时，辅导员还要注重和学生的沟通与交流，帮助他们客观地、科学地分析、解决问题，合理进行人生规划，引导他们走上正确的成才之路。四是重视教学科研工作。高校辅导员教学科研能力的提升，既是提高大学生思想政治教育工作针对性、实效性，增强吸引力、感染力的客观需要，也是实现辅导员队伍自身可持续发展的必然要求，有效提升辅导员的教学科研能力已经成为高校辅导员职业生涯发展自我管理的必然趋势。

第二节　高校辅导员的职业生涯规划

作为社会群体的一员，高校辅导员要谋求个人的发展，除了依赖于社会和高校各层面为其发展提供的机会和平台外，还需要辅导员自身付出更多的努力，做好个人的定位，制定出符合本人实际的职业生涯发展规划。

一、高校辅导员职业生涯规划的内涵

辅导员职业生涯规划作为辅导员专业化发展的一个重要方面，有其内在规定性。充分认识其内涵成为开展辅导员职业生涯规划的前提。

辅导员职业生涯规划是指将个人发展与组织发展相结合，对决定职业生涯的主客观因素进行测定、分析和总结，确定事业发展目标，选择实现这一事业目标的职业，制订相应的工作、教育和培训的行动计划，并结合一定的时序和方向安排，采取必要的措施实现职业生涯目标的过程。要深入理解辅导员职业生涯规划的基本内涵，还必须注意三点。

（一）在对象上寻求辅导员职业规划个体发展与整体提高的最佳契合

从对象上看，辅导员职业生涯规划是一项集辅导员个体发展与辅导员群体整体提高于一体的工作，它既注重辅导员单个个体与组织间的双向互动，也关切辅导员职业生涯规划对于辅导员队伍建设乃至大学生思想政治教育工作全局的积极作用。这是辅导员职业生涯规划表现在对象上的重要内涵，即努力寻求辅导员职业规划个体发展与整体提高的最佳契合点。这也意味着不能仅仅关注辅导员个体的自我价值实现和增值，将辅导员职业生涯规划简单地视为辅导员个体与职业生涯规划方法的机械相加，而是要将辅导员个体职业生涯规划与高校辅导员队伍的人力资源开发结合起来，以辅导员职业生涯规划的实施促进辅导员队伍建设整体水平的提高；也不能仅仅停留在辅导员队伍建设的宏观层面，忽视辅导员个体的健康持续发展，忽视辅导员个体的发展需求。

（二）在方法上构建辅导员职业规划个人义务与组织责任的合力体系

从方法上看，辅导员职业生涯规划是辅导员个体发展目标与国家教育主管部门、高校等组织培养目标相结合，在对高校辅导员个体职业生涯的主客观条件进行测定、分析、总结的基础上，对辅导员的兴趣、爱好、能力、特点进行综合分析与权衡，结合时代特点，根据职业倾向，确定其最佳的职业奋斗目标，并为实现这一目标制订出行之有效的行动计划。同时也要求组织为高校辅导员个体职业生涯规划的制定、实施、修正和实现提供必要的支撑和评估推进。这意味着辅导员职业生涯规划具有个体性和组织性双重特点。

（三）在内容上实现辅导员职业规划基础内容和发展内容的统筹兼顾

从内容上看，辅导员职业生涯规划必须紧密结合辅导员的职业特征。辅导员是具有特定职业岗位身份和一定的专业化知识及技能，不同于日常教学或行政管理工作，且主要为学生全面发展和健康成长提供多方面服务的高校教师。辅导员职业生涯规划的直接目的是提高辅导员的能力素质，促进他们持续健康发展，最终目的是加强和改进大学生思想政治教育，推动日常思想政治教育各项工作全面开展。因此，辅导员职业生涯规划表现在内容上的内涵，就是一方面要增强辅导员职业生涯规划的基础性内容，即辅导员履行日常思想政治教育工作所要求具备的能力和素质；另一方面也要增强辅导员职业生涯规划的发展性内容，即着眼于辅导员个体的成长发展，提升其职业发展、职业设计、职业选择的能力，拓展其长远发展的路径。在辅导员职业生涯规划过程中，这两方面的内容应该统筹兼顾、相互协调。

二、高校辅导员职业生涯规划的原则

为了使职业生涯规划具有更好的效果和效益，使之真正引领辅导员的整个职业发展，在规划及实施过程中就必须遵循一些重要原则，以保证规划不至于偏离航向，并充分利用相关的资源条件，实现个人与职业、环境的良性互动。只有遵循一定的原则和方法，才能制定出高质量的职业生涯发展规划。辅导员要进行成功的职业生涯发展规划，需要遵循以下原则。

（一）规范性原则

辅导员职业生涯发展规划的规范性原则主要体现在三个方面：一是内容要规范。职业生涯发展规划的内容是一个大的系统，其中包含诸多子项内容，只有厘清各个子项之间的内在逻辑关系，规范各个部分应具有的位置和前后顺序，这样才能使职业生涯发展规划更加具有合理性。二是实施要规范。辅导员要有时间管理理念，对工作时间和工作任务进行科学的管理，尤其是对职业生涯发展中的各项内容进行有效的规范化管理，规划的内容和目标不可随意更改或者放弃，才能保证目标在有效的时间内完成。三是发展方向要规范。辅导员在工作中常因繁杂的事务性工作"拖累"自己的发展而苦恼，辅导员对个人职业生涯发展规划的方向如果没有一个明确的定位，就会对职业生涯发展规划中的发展方向缺乏规范化管理。

（二）专业性原则

每一个辅导员都有其所具有的专业背景、知识基础、能力倾向、个性特色，因此，辅导员职业生涯规划还要秉承专业性原则，充分利用本校资源，由专业性强的教师给辅导员提供专业性指导，给辅导员提供与其工作相关的学位点、学科点。同时，规划时要尽量与辅导员自身的专业背景相一致，这样更容易帮助辅导员构建适合自己的职业生涯规划体系。

（三）个体性原则

辅导员职业具有其特殊性，辅导员工作内容涉及面广，不仅做学生的日常事务和思想政治教育工作，有时还兼任学院行政或其他方面的工作，因此，在设计个人职业生涯发展规划时要充分考虑单位、个人和环境等方面的多重因素。这样才能使职业生涯发展规划更加个性化和有针对性。辅导员在职业生涯规划过程中，要注意发现自身的差异性，发掘这种差异性对于职业发展可能存在特殊优势，充分发展、利用和展示自己最具优势的方面，就能使个性化成为"亮点"，以自己的特色、风格赢得别人的肯定和赞许，赢得职业生涯的成功。

（四）客观性原则

客观性原则要求高校辅导员职业生涯规划要从客观现实出发。职业生涯规划既然是一种个人设计，难免带有主观色彩，所以客观性原则一方面要求规划者在自我评价环节能够对自己做出实事求是、既不隐瞒歪曲也不放大缩小的中肯评价；另一方面还要求职业生涯规划必须从客观实际出发，力求符合自己的客观实际，在排除个人主观好恶的前提下，正视职业现实中的各种矛盾，敏锐地发现这些矛盾中所孕育的发展机会。

（五）发展性原则

职业生涯规划是对未来职业生活的总体而长远的设计，而不是当下的职业生活计划，因此，辅导员的职业生涯规划必须具有前瞻性，而不能被当下的某些现象所迷惑，不能因当下的利益诱惑而放弃对职业理想和人生长远目标的追求。发展性原则要求辅导员发挥自己的能力和潜能，适时地调整个人职业生涯发展规划的进度、内容等，其中包括规划内容的转换或增加。发展性原则还要求辅导员要立足当下，着眼未来几年或者几十年进行个人职业生涯发展规划，明晰个人职业发展总的方向和阶段性成效，确定个人职业发展的目标和实现的路径等。

（六）动态性原则

职业生涯规划是建立在对未来进行预测的基础上的，因此，在职业生涯规划之初，一定要为未来的变动预留一个适当的弹性空间，在职业生涯规划的执行过程中，要注意对规划进行微调甚至全面调整。动态性原则要求在职业生涯规划时要遵循辅导员职业生涯发展的阶段性特征，有目的、有步骤、有计划地调整和安排各个不同阶段的职业生涯计划，确立短期、中期和长期三个阶段性目标，并且在每一阶段又有"起点"和"终点"，即"开始执行"和"实现目标"两个时间坐标。动态性原则还要求特别注意所在高校的动态发展。对于辅导员来说，高校的动态发展决定着个人的发展。因此，在职业生涯规划中，必须充分考虑辅导员自身及所在院系、学校所处的不同发展阶段，并使自己的发展目标和实施计划与之保持动态适应。

三、高校辅导员职业生涯规划的方法

职业生涯发展规划的方法有很多，常用的有"五 W"法、SWOT 分析法、PP-DF 法、职涯愿景模型法等。辅导员进行职业生涯发展规划时，可以从自身特点和条件出发，借鉴这些方法来进行。

（一）"五 W"法

辅导员职业生涯管理中自我规划可用"五 W"的归零思考模式，这个方法共有五个问题：一问 Who are you? 这个问题要求辅导员对自己进行一次深刻的反思，对自我有一个全面、客观、清醒的认识，对自身所处的环境也要进行充分的评价。二问 What do you want? 这个问题要求辅导员仔细考虑自己需要什么样的职业生涯。通过对这个问题的思考，辅导员要尽量锁定自己职业生涯目标的目的，明确个人在一定时期内的工作任务和工作方向。三问 What can you do? 这个问题要求辅导员对自己能力和潜力进行全面总结。作为一名辅导员，一定要清楚自己具备哪些能力，能够在哪些领域显示自己的才干等。只有择己所长，才能充分发挥最大能力，使学生受益、学校受益，从而个人也获得最大的成就感、满足感，形成双向良性循环。四问 What can support you? 这个问题要求辅导员除了了解自身能力外，通过对主客观因素的深入调查，对周围供自身发展所需要的环境资源做出可行性分析，把国家的政策方针、学校的规定和个人的发展有机地结合起来，共同形成对个人发展有利的局面。五问 What can you be in the end? 这个问题要求辅导员确立自己最终的职业目标，辅导员在权衡多重因素、多个发展方向以及个人的能力基础上制定的职业生涯发展长远目标，这个目标不仅为辅导员职业生涯发展指明了前进的方向，也是辅导员职业生涯发展的动力。辅导员能够全面仔细地回答这五个问题，并找到它们的最佳契合点，就可以完成一次成功的职业生涯规划。

（二）SWOT 分析法

SWOT 分析法是在 20 世纪 80 年代初提出来的。其中 S 代表优势（strength），W 代表弱势（weakness），O 代表机会（opportunity），T 代表威胁（threat）。其中优势和弱势是内部因素，机会和威胁是外部因素，SWOT 分析法就是用系统的思想把这些似乎独立的因素相互匹配起来进行综合分析，这样有利于人们对个人或组织所处情景进行全面、系统、准确的研究，有助于人们制订发展战略和计划，以及与之相应的发展机会和策略。辅导员可以通过 SWOT 分析法来检查自己的技能、能力、职业喜好和职业机会，发现自己的优点和弱点，进而评估出自己在职业道路上的机会和威胁所在。辅导员做个人 SWOT 分析需要认真投入和对待，进行一次详尽的 SWOT 分析，将会为一个人以后的辅导员职业生涯发展提供一个连贯的、实际可行的职业策略。

（三）PPDF 法

PPDF（Personal Performance Development File）法，即个人表现发展档案。PPDF 的内容主要包括：个人情况、现在行为、未来发展。辅导员进行职业生涯规划时，也可以采取这种方法。为自己的职业发展设计一个 PPDF，之后交给工作经验丰富的辅导员或者自己的领导，请他们提出意见和建议，并请他们监督个人的执行情况。同时，在执行过程中，资深辅导员和领导可以适时建议调整个人的目标，以便更好地实现个人的规划。

（四）职涯愿景模型法

职涯愿景是每一个人经过职业的发展实现职业目标的梦想，对应于个人的职涯愿景，每个人都有长处和不足，其长处和不足都是在同外界环境的相互作用中确定的。职涯愿景模型法要求辅导员在确立个人职业生涯发展规划之前，一定要对个人的愿景进行规划，明确个人愿景是什么，在实现个人愿景的过程中，认清个人的优势、专长以及兴趣爱好等。辅导员只有尽可能地发挥长处、善用长处、弥补不足，使得个人在机会的把握、兴趣的导航、技能的增长、性向的管理上接近并重合于职涯愿景时，职业目标才能得以实现。并且，辅导员还需要通过想象实现愿景后的情景、形容个人愿景、检验并弄清楚愿景的程序和步骤，建立个人愿景，尽最大可能地发挥愿景对个人职业生涯发展的推动作用。

四、高校辅导员职业生涯规划的步骤

为了更科学、更合理地规划个人的职业生涯发展，辅导员应按照一定的步骤进行个人职业生涯发展规划。总体上看，辅导员规划个人职业生涯发展主要经历以下几个步骤。

（一）自我评估

自我评估是个人职业生涯规划的基础，也是能否获得可行性方案的前提。职业生涯规划的制定是从辅导员对自己的能力、兴趣、职业生涯需要及其目标的评估开始的。一个有效的职业生涯规划设计必须是在充分且正确认识自身条件的基础上进行的。自我评价的核心是入职适应问题，因而自我评估的重点是分析自己的条件，特别是个人的性格、兴趣、特长、需求、个人技能、职业心态和职业信念等，充分考虑其与职业的匹配。

（二）环境分析

辅导员的职业生涯环境主要由社会环境、学校环境、业缘环境三部分构成。职业环境分析的基本思路是分析环境的特点、发展变化情况，把握环境因素的优势与限制，即对环境进行机会—威胁的对比分析。机会是指环境中对辅导员工作的开展、辅导员个人成长有利的方面；而威胁则指外部环境中对辅导员及其工作不利或存在障碍的因素。在具体进行环境分析时，辅导员应在事先进行广泛的调查研究和深入的思考，了解辅导员工作具体在学校以及社会大环境中的地位、形势以及发展趋势。然后进行相关因素的评分，填写机会—威胁程度分析表，同时对环境维持或改善的可能性进行预测和评级，对改善的可能路径进行分析、设计。

（三）确定目标

目标是行动的导航器和指南针。职业生涯目标是指人们希望达到的与职业生涯相关的结果，是未来人生的发展方向。有效的职业目标能激发潜能，坚定信心，对人的一生产生重大的影响。因此，个人要确定一个既满足社会需要又适合自己的职业生涯目标。目标的确定是在自我分析的基础上，以高校辅导员作为职业，设立自己以后的职业生涯目标。职业生涯目标按照性质分解为外职业生涯目标和内职业生涯目标。辅导员的外职业生涯目标主要是侧重于职业生涯过程的外在表现，主要包括工作内容目标、行政职务目标、学术职称目标等。辅导员内职业生涯目标主要侧重于职业生涯过程中自身素质提升及相应的内在体验，主要包括能力的提升、知识的丰富、经验的积累、心理的成熟等。按照时间分解为短期职业目标、中期职业目标和长期职业目标，短期目标一般为1~2年的目标，中期目标一般为3~5年的目标，长期目标一般为5年以上的目标。职业目标主要从两个方面加以设定：一是从宏观上党和国家对辅导员工作所提出的要求出发，努力成为学生的人生导师和健康成长的知心朋友；二是从自己个体发展的微观角度出发，结合自己的客观实际所设定的职务、职称以及内心体验等方面的职业目标。

（四）选择路径

辅导员未来职业发展路径是更为具体、明确的个人发展指向。辅导员未来职业发展路径主要分为走专业教师发展路径、走学生工作专家化发展路径、走行政发展路径等。这些职业发展路径是辅导员个人职业发展的主要路径选择。

（五）实施策略

实施策略就是要制定实现职业生涯目标的行动方案。目标确定以后，如果不采取行动，目标将无法实现，因此，要实现职业生涯目标，就必须制定包括职业生涯发展路线、教育培训安排、时间计划等措施在内的行动方案，增强自我规划的自觉性和积极性，使长远目标与高校辅导员的日常工作有机衔接，增强规划的可行性。对于高校辅导员而言，职业生涯目标实现的主要策略有四个方面：一是培养综合素质，提高自身的竞争力；二是提高工作能力，获取更多的职业资本；三是分阶段实现自己的职业生涯规划；四是积极主动参与自己的职业生涯管理。

（六）评估调整

职业的选择及其目标的确定，并不意味着辅导员职业生涯管理的终结。任何人的职业生涯管理都不是一蹴而就的，它是一个不断评价与调整的过程。要使规划行之有效，就必须根据实际情况的变化不断地对规划实施的各个环节进行反馈，及时发现问题并解决问题。辅导员要经常对自己的职业生涯进行评估，并进行相应的修正与调整。反馈评估的目的是衡量高校辅导员发展的实际结果与预期目标之间的差距，及时诊断生涯规划各个环节出现的问题，找出相应的对策，对规划进行调整与完善。评估一般是让辅导员接受日常所接触的各部门主管领导、学生、同事等的评估，通过评估来反馈辅导员职业生涯规划体系是否可行，从而使其不断完善。

总之，建立健全高校辅导员职业生涯规划体系，对辅导员而言，有利于辅导员基于自己的专业背景更深入地了解自己的职业理想，了解自己所处的环境，从而更出色地完成本职工作；对高校而言，有利于充分调动辅导员的工作积极性，解决高校辅导员工作秩序性、连续性不强的问题，促使其个体得到全面发展。

参考文献

[1]魏则胜,李敏.高校辅导员道德素养概论[M].广州:广东高等教育出版社,2018.

[2]史仁民.高校辅导员专业发展论[M].北京:中央编译出版社,2018.

[3]许辉,于兴业.自我视域下高校辅导员的发展研究[M].北京:知识产权出版社,2018.

[4]柏杨.改革开放以来高校辅导员队伍建设研究[M].成都:西南交通大学出版社,2018.

[5]贝静红.高校辅导员专业化发展实践研究[M].北京:海洋出版社,2018.

[6]肖文学.课程化模式下高校辅导员的课程体系[M].沈阳:东北大学出版社,2018.

[7]孙增武,王小红,李波.新时期高校辅导员工作的理论与实践研究[M].长春:吉林大学出版社,2018.

[8]温淑窈,欧阳焱.现代传播学视域下高校辅导员团队创建创新研究[M].北京:九州出版社,2018.

[9]刘飞.高校辅导员理论与研究[M].长春:吉林科学技术出版社,2018.

[10]邹涛.高校辅导员职业之道[M].北京:中国人民大学出版社,2018.

[11]冉欣.高校辅导员敬业研究[M].长春:吉林大学出版社,2018.

[12]魏则胜.高校辅导员工作目标、任务与方法[M].广州:广东高等教育出版社,2018.

[13]陈凯,林琳.高校辅导员工作研究与探索[M].广州:广东旅游出版社,2018.

[14]徐磊.高校辅导员工作理论研究[M].北京:现代出版社,2018.

[15]李鑫.高校辅导员现象学漫谈[M].延吉:延边大学出版社,2018.

[16]陈正芬.中国高校辅导员制度研究[M].北京:中国社会科学出版社,2018.

[17]林可全.高校辅导员队伍专业化建设[M].长沙:中南大学出版社,2018.

[18]何登溢.高校辅导员职业发展研究[M].北京:高等教育出版社,2018.

[19]汪琳,刘丽群.高校辅导员职业能力培养研究与创业就业指导[M].广州:广东旅游出版社,2018.

[20]覃吉春,王静萍,喻瑜.高校辅导员工作精细化管理实务[M].成都:四川大学出

版社,2018.

[21]郑莉.新时期高校辅导员职业角色研究[M].北京:中国商务出版社,2018.

[22]闫莉莉.新时期高校辅导员工作理论与实践[M].哈尔滨:哈尔滨地图出版社,2018.

[23]李青山,苏蕊.新时代高校辅导员工作理论与实务[M].沈阳:辽宁大学出版社,2018.

[24]邱玥.高校辅导员队伍专业化建设研究[M].北京:九州出版社,2018.

[25]杜彬彬.高校辅导员职业能力标准及提升途径研究[M].上海:华东师范大学出版社,2018.

[26]陈希.思政学科视野下的高校辅导员工作探究[M].延吉:延边大学出版社,2018.

[27]刘畅.高校辅导员队伍建设及其在学生工作中的作用发挥[M].西安:西北工业大学出版社,2018.

[28]张爱莲.高校辅导员职业价值观与工作幸福感及其相互关系研究[M].北京:中国社会科学出版社,2018.

[29]郑晓娜.高校辅导员职业化研究[M].沈阳:辽宁大学出版社,2019.

[30]朱丹,饶先发,王伟江.新时代高校辅导员工作室建设指导手册[M].昆明:云南大学出版社,2019.